中国劳动关系学院
青年学者文库

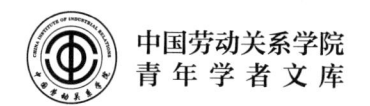

企业工会与
企业组织团结

以员工参与为视角

FROM THE POINT OF
VIEW OF EMPLOYEES' PARTICIPATION

吴建平 / 著

社会科学文献出版社
SOCIAL SCIENCES ACADEMIC PRESS (CHINA)

目　录
CONTENTS

序 ·· 1

第一章　绪论 ·· 1
　一　问题的提出 ·· 1
　二　文献综述 ·· 22
　三　研究方法和资料来源 ·· 45

第二章　企业工会的功能及其运作：经验调查的结果 ··············· 47
　一　私营企业中的企业工会工作 ··· 48
　二　国有企业中的企业工会工作 ··· 65
　三　合资企业中的企业工会工作 ··· 91
　四　小结：企业工会的功能 ··· 99

第三章　员工参与和组织认同 ·· 113
　一　员工参与和组织认同 ··· 113
　二　企业中员工参与的制度安排 ·· 121
　三　小结：员工满意度与组织认同 ····································· 144

第四章　结论：企业组织团结的社会过程 ····························· 151
　一　企业组织团结的社会过程 ··· 151

二　讨论：研究中的局限和未来的研究方向 …………………… 163

附录一　早期工运领袖论工会 ……………………………………… 165
　一　李立三论工会工作 …………………………………………… 167
　二　刘少奇论工会工作 …………………………………………… 174
　三　赖若愚论工会工作 …………………………………………… 182
　四　小结 …………………………………………………………… 190

附录二　1978年至今中国工会历史分期及重点问题 ……………… 197
　一　工会工作的恢复及四项职能的提出时期 …………………… 197
　二　推进工会组建工作和突出工会维护职能时期 ……………… 200
　三　建设有中国特色的工会工作道路时期 ……………………… 204

参考文献 ……………………………………………………………… 209

致　　谢 ……………………………………………………………… 233

序

  呈现在读者面前的这本小书，是我于2007年完成的博士学位论文。之所以选择这个论题，主要是因为在学习期间，正好赶上我的博士生导师李汉林研究员在主持一项关于中国企业员工参与的课题，我们几个在校学生很幸运地参与了进来。我当时主要负责工会方面的资料收集和整理工作，在此过程中，逐渐产生了对工会研究的兴趣。不过，工会研究领域非常庞杂，因此，我面临选择一个什么样的角度来研究工会并最终能形成一篇博士学位论文的难题。有两个相互交叉的原因或思路让我最终将"企业工会与员工参与"确立为自己的题目：其一就是导师主持的员工参与课题为我提供了一个思路，即将企业工会作为主要研究对象，并以员工参与作为切入点，分析企业工会的运作特点；其二是导师此前曾提出从社会团结的视角来分析转型时期的组织变迁问题。在这两个思路的启发下，我确立了自己的主要思路和观点，即企业工会为员工提供了种种参与渠道，这些参与渠道有助于促成企业的组织团结，而这种组织团结正是在社会变迁的处境中考察和理解组织的制度变革和创新的根本视角。在论文答辩通过后，由于一些主客观原因，这篇博士学位论文也就被束之高阁了。

  毕业后，我来到中国劳动关系学院工会学系任教，学院的氛围让我更能专注于对工会问题的研究，其间陆续发表了一些相关论文，也逐渐形成了自己的一些关于中国工会研究的想法。2012年，我将自己入校五年来研究工会的成果和心得进行了整理，在学院的认可和资助下，出版了我的第一本工会研究专著《转型时期中国工会研究——以国家治理参与为视角》。

在《转型时期中国工会研究——以国家治理参与为视角》一书中，我主要通过解读中央及全国总工会关于工会工作的文献资料，来确立自己对中国工会研究的基本思路，即以治理参与为视角来理解和解释中国工会的角色与职能。正是由于该书采用的基本都是文献资料，所以关注点集中在宏观制度及其变迁上，而且将研究重心放在了地方工会上，认为随着劳动关系市场化转型的不断推进，地方工会开始成为重要的行动主体，而对于地方工会的角色和职能的理解和解释，则必须置于地方治理的框架中，即地方工会作为一个重要的参与劳动关系治理的主体，通过各种借力的运作机制，在不同行政部门之间进行协调和整合，从而帮助国家实现基层治理能力的提升。在该书结尾部分，我也指出了研究的不足及今后可能的议题：尽管该书强调了地方工会的重要意义，但这绝非否认企业工会的重要意义，事实上，企业工会始终是中国工会的基石和主要构成部分，而且地方工会很多制度层面的设计和运作，如果离开了企业工会的参与和配合，那么其效力将大打折扣。所以，企业工会的制度安排和运作机制以及企业工会与地方工会的衔接问题，需要通过大量的经验研究材料来予以考察和分析。

此外，该书还提出了一个研究企业工会的思路，即企业工会的角色和职能也是一种治理参与的中介组织，即在企业内部参与或引导员工参与企业治理，其中的逻辑和机制与各级地方工会具有较高的相似性。后来，我重新翻看博士学位论文时发现，其实自己的博士学位论文恰恰可以用来论证在《转型时期中国工会研究——以国家治理参与为视角》中最后提出的关于企业工会运作逻辑和机制的研究假设，即从治理参与的角度来理解企业工会。换言之，这两本书分别将地方工会和企业工会作为研究对象，一个强调地方工会是在参与地方治理，另一个强调企业工会是在参与企业治理（虽然博士学位论文用的概念是组织团结，但实际上也可以理解为是达成一种企业治理的目标）。只不过，前者的参与主体主要是地方工会，后者的参与主体则不只是企业工会，还包括了员工，而且员工是更重要的参与主体，而企业工会更多的是在提供各种制度化渠道让员工参与到企业治理中来。尽管有参与主体上的差异，但总体上，治理参与的视角，能较好地用来分析地方工会与企业工会。

正是基于上述考虑，我才决定要出版自己的博士学位论文，以与自己的前一本书相呼应。我攻读博士学位时的研究方向本是社会组织与社会结构，客观地说，我的博士学位论文并未在这个方向上有什么创新之处，这也是将其束之高阁的一个重要原因。不过，我个人认为，至少在工会研究领域，这篇论文还是有一点价值的，特别是结合我前一本书，二者综合起来，这种价值就更有所增强，因为我基本坚持了一个统一的视角，即治理参与视角来分析中国工会的角色与职能。这种统一的视角至少具有中层理论建构的意义。首先，治理参与视角能够帮助提出有关工会的各种研究假设，比如地方工会层面的各种参与制度和机制对地方劳动争议率的影响，区域性、行业性或企业层面的集体协商对工资增长的影响，职代会制度对企业组织认同的影响等，进而发展出一些可能的中层理论命题。其次，还可以尝试在此基础上提出一种关于中国工会的一般性理论框架，具体而言，各级工会领导机关主要是参与国家或地方治理，企业工会则参与企业治理，而这些不同层级的治理参与之间彼此衔接和嵌套，于是，在国家与工人关系（并可延伸到国家与社会关系）上，出现了一种层层嵌套的制度化参与模式，其中，不同工人个体或群体的利益，通过自下而上地聚集在这种自上而下设置的层层嵌套的制度化参与结构中，能够得到表达、协调、维护、实现和发展。当然这是一种结构安排和制度设计，在现实中可能会受到各种因素的影响而出现偏差，因此，这就需要我们探索各级工会的制度执行与机制创新等方面的问题及影响因素。有了以上种种探索和分析，我们才可能发展出中国工会的一般理论模式。

在工会研究这个领域，直到现在我充其量只是一个入门者，更不用说当年撰写博士学位论文时期。所以，文中有关工会问题的探讨，肯定存在不少讹误之处，还请各位方家不吝批评指正。不过，总的来说，我觉得自己的努力是有意义的，而且在今后研究中，我会继续按照这个思路进行下去。

第一章
绪 论

一 问题的提出

一般认为,科斯(2003;Coase,1993)的那篇经典文献开启了企业理论研究的一个新时期,因为在此之前(主要在新古典经济学那里),企业组织基本上是一个"黑匣",是按个别消费者的形象所设计出来的经济单位,由生产函数和成本函数决定,即企业是在最大化行为的假设下,在给定的技术和各种要素约束下从一组可能的选择中挑选自己的生产方案,因而企业实质上是被动的,是由各种外生变量(既定技术、成本结构和市场条件)决定其活动边界和生产率,因此企业就像一部被人事先输入特定程序的生产机器,企业也就被生产函数所替代,从而新古典的企业理论被称为生产理论(蔺安林、王成璋,2002)。在这种描述中,我们看不到任何有个性的人、有个性的组织,换言之,面对同样的市场条件的每个人、每个组织和厂家的反应都是一样的(周雪光,2003:30-63)。

其实,科斯(2003;Coase,1993)的问题非常简单,即既然市场是一种非常有效的资源配置方式,为什么还会存在企业组织呢?他的理论发现也很简单,那就是因为市场交易有时会存在较高的交易成本,而企业内部通过权威或管制的方式，在一定程度上有时能带来比市场更有效率的资源配置结果。当然，他同时对自己的问题进行了一个反问，那又为什么会存在市场呢，而不是将整个社会变成一个"大工厂"就行了呢？那是因为企业内部也存在管理成本等，所以，最终来说，企业与市场的选择，就在于二者在资源配置上谁更能带来效率。

我们现在的问题是：(1) 企业是如何获得其效益优势的呢？科斯并没有回答权威是如何能够带来效率的，因为权威也可能会带来非效率或并非以效率为目标[①]；(2) 效率是否构成企业唯一目标？从目前的一些企业研究例子来看，似乎这个命题值得进一步分析，因为有些企业并不是只以效率作为唯一考虑目标，比如乡镇（集体制）企业，就是强调"共生共荣""共有共营""共享共担""就业第一"（折晓叶，1996a；1996b）。但这也并不必然等于说，效率就因此而受到了妨碍，其实乡镇企业"异军突起"现象就表明了其自身所具有的特定的效率优势，所以这个问题其实与前一个问题具有深层次上的相关性，只不过我们需要去揭示二者之间相关的机制是什么。总的来说，我们需要考虑的是，企业的效率基础究竟是什么，为什么有的企业效率高，而有的企业却效率低？

1. 新制度经济学视野下的企业理论

从科斯开始，新制度经济学发展出了两个主要企业理论，即交易费用理论（主要研究企业与市场的关系）和代理理论（主要研究企业内部结构和企业的代理关系），其共同点在于把企业看作一系列合约的联结，因而它们也可以被看作是企业的契约理论（张维迎，1994；

[①] 威廉姆森（2004：290-333）就介绍了激进学派的看法，他们指出，企业内部的权威等机制，并非必然带来效率，而首先考虑的问题不过是如何保证资本家对工人的权力以及随之而来的剥削。

1995）。其中，交易费用理论主要包括间接定价理论和资产专用性理论，代理理论主要包括委托—代理理论和团队生产理论。其中，间接定价理论主要是把企业看作一种特殊的治理模式，通过一种特殊的契约形式来取代原来的一系列市场契约（Masten，1993），从而通过企业内部权威来指挥和协调资源的配置，以降低市场治理模式下的交易成本，当然这其中也要付出一定的管理成本和生产成本，这样企业的边界就通过对这些不同成本的权衡而得到确定（Demsetz，1993）。而资产专用性理论主要是由威廉姆森等人围绕资产专用性可能带来的"要挟"问题所提出来的，认为企业的出现是采用纵向一体化方式来解决"要挟"问题的结果（Williamson，1993；Joskow，1993；克莱因、克劳福特、阿尔奇安，2003）。

本书更关心的是那些关注企业内部治理问题的企业理论。团队生产理论是由阿尔奇安和德姆塞茨（2003）提出来的，主要针对团队生产中可能出现的道德风险或投机行为问题，从而引出了监督问题及剩余索取权、剩余控制权问题，而后又出现了委托—代理问题（詹森、马克林，2003；菲莫，2003）。他们的一个主要思路（包括前面的交易费用理论）基本上都是强调事先对相应的权利和利益索取范围进行一个界定，接下来就只是监督和控制问题。因而，在一定程度上，这些理论是一种"完全契约理论"（杨瑞龙、聂辉华，2006），即有关企业剩余索取权的主体以及其权利在事前已经得到明确的规定，从而问题重心在于事后的监督。但是，后来的研究者认为，似乎企业中的契约并非是完全契约，即无法做到事前规定各种可能状态下的权利和责任，所以应该将重心放在对事前的权利（包括再谈判权利）进行机制设计或制度安排。这就引出了企业的契约理论中的另一个重要分支，企业的产权理论。产权制度就是针对契约不完全性而事先设定的一种特定制度安排和权利配置方式。

在企业的产权理论指导下的企业治理模式强调，产权应该清晰。这样，企业中的剩余索取权（相对于契约收益权）就有了明确的依据，即对于那些未在契约中事前规定而在企业总收入中扣除费用后的利润收益权的主体问题得到了解决，从而也就解决了企业的所有权问题。不过在新古典经济学那里，由于只是把企业视为一个生产函数，所以剩余索取权也就自然归非人力资本所有者。在早期的产权理论那里，这种剩余控制权也基本交给了物质产权拥有者，从而有了"资本雇佣劳动"的企业理论。后来，产权经济学家如哈特、克莱因等则认为企业剩余是一种特殊投资或专门投资的租金，所以应该属于这种专门投资的投资者，而企业中的非人力资本和人力资本都可能具有专业化性质，所以它们都应该拥有企业所有权（朱国清、万威武，2005）。这里实际上关系到人力资本产权问题。

有研究者总结了人力资本产权具有以下几个特性：人力资本与其所有者的不可分离性；人力资本的主动性使得其在产权残缺的情况下会自动出现贬值；人力资本尤其是企业家人力资本，其价值信息难以测度并易于隐藏；人力资本所有者运用人力资本时，通常必须经过协作的方式，即人力资本具有团队性特征（苏晓华，2006）。正因为这些特性，尤其是第二条特性，使得人力资本产权具有与其他产权不同的形式和特点，激励问题作为企业核心问题之一，就是针对人力资本产权的这些特性而引出的。所以，有研究特别指出，科斯虽然明确指出企业契约不同于一般市场契约的关键首先在于其中包含了劳务（人力资本）的利用，但是他并没有进一步将人力资本产权引入他的企业理论，从而没能明确给出为什么企业契约不同于市场契约的原因（周其仁，2003）。这样，企业也就是一个人力资本与非人力资本组成的不完全合约（牛德生，1999）。

企业的治理理论由此也就开始有了一些新的发展。最初，基于委托—代理理论基础上的"股东至上"治理模式，强调的是"资本雇佣劳动"以及劳动者从属于资本。而后在利益相关者理论和人力资本理论基础上出现了一种共同治理模式。利益相关者理论强调企业应该具有一个更加广泛的管理目标，最大化各种利益相关者团体的总体福利，因而也就应该让利益相关者团体参与分享控制权；人力资本理论则进一步指出，利益相关者理论仅仅从利益分享的角度，没有突出人力资本的"产权"性质，不过两种理论都强调了一种共同治理模式，即企业是契约各方共同参与形成的利益制衡体系，从而企业治理问题就可以更广泛地理解为是在这种制衡体系下进行的一种法律、文化和制度性安排的有机整合（郑海航、熊小彤，2005）。也有研究者提出一种以关键资源控制为核心的"进入权论"，即那些有着企业关键资源进入权的人应该在企业治理中占有重要地位，而在诸多关键资源中，人力资本已经越来越具有重要性了（苏晓华，2006）。

2. 社会学视野下的企业组织理论

社会学家们也对企业组织理论进行了一些自己的探索，不过，这种探索不少是在对前面的理论进行质疑的过程中发展起来的。这种质疑有针对其中的论证过程的，也有针对其理论预设的，还有的强调了原有企业理论所不太重视的因素，等等。我们可以对此做一个简单分析，以便过渡到本书的研究主题。

从前面的梳理来看，目前各种企业理论中比较主流的是契约理论，其中比较重要的一个分支是产权理论。回到我们前面讨论的企业效率的基础问题上，企业内部的产权配置，确实能够提供一种解释原因，因为产权是一种重要的经济激励因素，能够让所有者具有动力对企业的经营管理积极投入。不过，这里仍存在一些尚未解决的问题，比如，在所有权和经营权分离的情况下，产权激励具有其自身的限度，特别是对普通员工的激励存在不足。所以，我们不能仅从这个方面来理解企业的效率基础。而且，对于产权问题是否构成了企业组织的根本问题，这需要进一步的思考。实际上，在经济学界就已经有很多研究者批评以产权理论来指导国企改革的观点[①]。有研究者指出，要正确理解"产权清晰"这一企业改革目标。产权概念不等同于所有制（占有）概念，前者是后者在法律上的表现，即产权概念至少包括两组权利：一是财产的所有权（即占有），一是财产的使用权、支配权（即经营权）（周新城，2000；吴易风，1995）。因此，产权更多的是指由社会或法律赋予占有的那一整套的以法律规定的形式或者其他规范规定的形式表现出来的各种权利范围和限度。所以产权表现出来的是（广义的）资本占有者所具有的各种具有合法性基础的权利。这种合法性的来源可以是法律、行政、官方意识形态、民间的普遍规范或者特殊人际关系网络等（刘世定，1996）。这里面，有一些研究特别指出，民间的那种普遍规范对于乡镇企业研究来说是非常重要的因素，如果换一个词，那就是企业组织及其所植根于其中的社区母体内

[①] 其实，在企业产权理论被大力倡导时，诸多批评和质疑也一直存在。有研究者指出，不能简单地用产权理论来指导国企改革（何秉孟，2004），有研究甚至直接指出，明晰产权对于向市场经济转型的国家来说并非关键问题，甚至是不必要的（吴易风，2004）。而且当时与产权论同时并存的还有竞争论或信息论（即强调完善市场竞争环境）、管理论（即强调采用科学的管理方式）等观点（程承坪、伍新木，2004）。以竞争论为例，林毅夫等人指出，公司治理结构虽然是在企业组织内部展开的权利（力）配置和运作，但是公司治理结构中最基本的成分是通过竞争的市场所实现的间接控制或外部治理，即在一种充分竞争的市场环境中，企业之间的竞争会形成一种平均利润或平均成本，据此可以使企业经营状况的信息得到充分反映。而人们通常关注的公司治理结构实际指的是公司的内部治理结构，这虽然是必要的和重要的，但与一个充分竞争的市场机制相比，只是派生的制度安排，其目的是借助于各种可供利用的制度安排和组织形态，以最大限度地减少信息不对称的可能性，保护所有者利益。而且一般来说，公司内部治理结构的方式受到既定的技术条件、规模经济和法律框架的影响，且存在路径依赖现象，因此，公司内部治理模式和具体的监督机制是多样的、特殊的，而且处于不断的制度创新之中。所以在一定程度上可以说，国有企业治理问题（或改革问题）不能简单地寄托在产权制度上（林毅夫、蔡昉、李周，1997）。

部所具有的集体意识、集体情感或共识,这是影响企业组织的非常重要的因素。

这里要借用国内学者折晓叶和陈婴婴的一些研究发现来进一步说明这个问题。她们的研究指出,产权的所有制形式并不是影响乡镇企业市场效益的决定因素,因为村社区内部具有多种创造合作预期、激励积极性和解决冲突问题的办法,即社区内部有可能在产权不清晰的情况下,仍然不断创造出对合作的预期,依靠合作自行解决内部冲突。当然,这种彼此间形成的合作预期也是被建构出来的,其中,村庄的社会资本是一个重要的媒介(折晓叶、陈婴婴,2000)。她们还进一步指出,产权的主要功能是提供经济激励,而社会资本的主要功能是解决使用资源时可能出现的冲突和争议,使内部更有效地合作,从而提供一种建立在社区共同体社会关系基础上的"命运共享""同甘共苦"式的社会激励机制。两种激励具有互补作用,如果有社会关系及其规范而缺少产权乃至法权制度的硬约束,或者反之只有硬约束而没有"社会力"或"集体力"的软约束,问题都是难以解决的(折晓叶、陈婴婴,2004a)。而且在乡镇企业的改制过程中,产权可能不是一个前提,而是在一种特定行动结构下选择的结果,而且形成的往往不是一份市场合约性产权,而是一份社会合约性产权(折晓叶、陈婴婴,2000;2005)。所以,她们特别强调,虽然产权理论意识到了"正式合约的不完全性",但是它忽略了非正式合约与正式合约之间的关系,即非正式合约在解决产权问题上的有效作用,而且非正式合约不是建立在经济原则基础之上,而是建立在社会合法性基础之上。它提供的是一种社会性激励,涉及的是社会性资源的利用、社会性权利的占有及对互惠等社会期待的满足。因此,她们指出,企业应该被看作"一组包含人力资本与社会资本(含制度资本)的特别合约"(折晓叶、陈婴婴,

2004a）。需要强调的是，这里面引出的核心问题不是产权问题，而是能否解决企业组织内部的合作、凝聚或向心力问题，她们的研究提醒我们要注意组织内部所提供的社会性激励以及其背后所依托的集体情感和共识。

其实她们的研究有些类似于涂尔干（2000）对契约背后的非契约因素的强调[①]。涂尔干认为，契约团结是一种消极的团结，团结的纽带不存在于个体之间的利益交换之间。市场中的契约背后都包含着诸多非契约因素，就更不用说企业中的特定契约了。本研究赞同涂尔干的理论观点，即经济利益虽然对社会团结（组织团结）具有重要影响（比如基于功能依赖而导致的相互整合），但是不能构成团结的根本基础，最根本的基础在于社会（组织）中所具有的道德纽带或道德一致性。企业理论中，对于理性选择理论的偏爱，容易忽视人们采用非产权的方式或者非经济激励的方式解决合作问题的可能性，特别是忽视了人们所拥有的社会关系以及道德环境对人的约束、引导和调节。即利益的相互制衡确实是对个体私欲的一种制约办法，但是由集体意识所形成的道德约束同样重要，甚至更为根本。另外，还需要强调的是，这种集体意识，并非只是由组织提供，而是可以来自外部的社会制度和意义系统[②]。那么，什么是集体意识？用涂尔干（2000：42）的话来说，"社会成员平均具有的信仰和感情的总和，构成了他们自身明确的生活体系，我们可以称之为集体意识或共同意识"，这是社会存在的根基，是法和制度的基础，是契约和市场有效运转的深层基础

[①] 具体来说这些非契约因素包括：契约中什么样的内容是被许可的；什么样的订约方式是被许可的；契约关系中的责任范围和限度；契约关系到第三者或社会利益时的限度；等等（Parsons，1979）。

[②] 而这也正是组织研究中的制度学派所强调的方面，即组织的环境不能简单地看作资源的提供系统和产出的目标系统，而且也是组织成员的意义来源（郭毅、徐莹、陈欣，2007）。

（李汉林、渠敬东、夏传玲、陈华珊，2006：16），也是企业组织内在凝聚和合作的深层基础。

涂尔干（2000：30）在讨论社会团结时，曾经强调，"诚然，团结首先是一种社会事实，但它是建立在我们单个有机体的基础上的。它要想具备一种生存能力，就必须适应自己的生理和心理机制"。同样，对于企业组织来说，组织成员的自我满足感和幸福感就是组织内在团结的"生理和心理"基础。

我们还是回到现有企业理论（尤其是产权理论）上来看企业员工的激励问题。人力资本产权理论的提出，是对原来狭隘的产权理论的一个批评，以此将产权概念的外延扩大，从而引入了共同治理模式。但是，目前不管在理论上还是经验上，有关人力资本的理论，或隐或显地突出了企业家（或经理阶层）人力资本的重要性并提出相应的各种可能的激励措施，大量的研究也主要围绕他们展开（张维迎，1996；张跃平、刘荆敏，2003；李春琦、石磊，2001；陈银娥，2003；等等）。而对于一般人力资本的激励问题，在一定程度上并未受到足够的重视，比如，有研究指出，在乡镇企业改制情形下，可能考虑更多的是如何激发企业家的经营热情，而对于一般成员的激励就有所忽视（折晓叶、陈婴婴，2004）。

即使从人力资本产权的角度来说，提出这种"资本"的概念，也就意味着它并没有对新制度主义企业理论的实质提出根本挑战，而只是将剩余索取权的合法性基础扩大了一些而已，将资本的外延扩大了，这样，企业理论仍然是一种（市场）契约理论，企业组织内部的运作就是不同的利益主体之间的利益博弈和制衡，这就是一种理性选择模型。组织的结构和过程完全围绕利益展开，强调企业组织中的利益分配问题，其内在的逻辑还是强调一种经济效益和效率机制，行动者都是理性人模型。这在一定程度上忽视了非经济因素的存在及其影响。对于这种理论模型，已有社会学家提出了相应的批评，如拜伦（James N. Baron）认为，经济学通常假设人们厌倦工作，但社会学研究发现，人们常常在工作中得到愉快、成就感，常在无很多金钱激励下努力工作；人们在寻职时关心的不仅仅是工资高低，而且注重工作的人文环境、同事之间的关系等；另外，人们有很多行为不是仅仅对狭义上的激励强度做出反应，而通常是与周围的人相比较，如与公司里的同事或自己团队里的同事比较；拜伦还指出，习俗、社会期待、社会公正、制度环境等都是影响企业组织的重要方面（转自周雪光，2003：203）。所以人不是原子化的、抽象的、孤立的个体，而是嵌入在具体社会关系中的社会人（Granovetter，1985）。

从这里可以引申出另一个重要的批评，就是关于组织成员的自我意识结构问题。以经济人或理性人预设来解释企业组织是存在片面性的，因为还有非理性或非经济因素的影响，前面所讨论的组织中的集体意识和情感就是一个重要方面。不过此处更多的是从自我意识内在结构及其内在过程来讨论这个问题的。需要注意的是，理性选择理论的人性预设本身就是存在问题的。在这里，我们可以借用涂尔干对功利主义批评时的观点。《社会分工论》的研究逻辑起点是霍布斯那种意义上的秩序问题，涂尔干对霍布斯的方案的反对表现在两方面：一方面，他虽不贬低国家的作用，但是他也不赞成霍布斯的那种在个人利益与国家之间所做的激进的二分法，而在其中加入了"社会"层面；另一方面，他直接对霍布斯理论的人性预设进行了批评。在霍布斯的论述中，个人是能够合理行动，知道他们所需求的是什么。但事实并非如此，处于自然状态的人根本就不是功利主义者所假设的那种理性人，在涂尔干看来，在个人人格的"手段—目的"图式中，不仅手段由社会规范进行外在规定，而且目的成分并非是完全个人的，其中包括了社会的成分。因此，功利主义者在具体的人格概念上都存在着很大的问题（帕森斯，2003：352）①。所以，我们不能预设个体的自我意识结构，反而应该去考察这种自我意识结构是如何在具体的制度与规范下、在具体的情境中逐渐形塑的。

而在这个过程中，组织就不仅仅要提供给成员以合理的利益，而且在价值上要为成员提供组织内部的群体认同，乃至政治意义上的国家认同，而且还必须为嵌入在组织系统内部的成员提供自身的自我指涉（self-reference）和幸福感（happiness）；并且，在这个问题上，不能仅仅从经济学意义上的利益最大化假设或效率原则和功利原则来处理（李汉林、渠敬东、夏传玲、陈华珊，2006：11-12）。这也就引出了员工的满意度、组织认同和组织承诺等问题，而现有的组织认同或承诺研究也已经指出，这不只是一个对成本收益的考虑，其中有着情感和价值等因素②，这样也就需要对组织认同和承诺机制进行详细考察，通过对这种过程的考察，我们才能对员工的自我意识结构有更为清晰的认识。

综合来说，企业作为一种经济组织，其经济属性自然很重要，但如果只看到这种经济属性，那么企业就会又变成新古典经济学描述下

---

① 涂尔干对人性两重性的分析，就是对人格内在结构或人性进行的一种社会学的分析（涂尔干，1999：17、345-346；2001：309-310；2003：231-246）。

② 目前研究者们基本都接受组织认同或承诺的三要素说，即情感、成本和规范，相对应的是情感承诺、持续承诺和规范承诺（Allen & Meyer, 1990）。所以，也就超越了最早由Becker提出这个概念时的那种理性算计的意义，而增加了情感和规范约束要素（刘小平、王重鸣，2004）。而且有研究特别指出，规范认同和情感认同是衡量认同的重要标准（张玲、吴维库，2000；陈先红，1999）。对于组织认同和组织承诺的研究中，虽有一些针对其积极效果的研究，但更多的针对其影响因素的研究，我们可以综合出以下因素：个人因素（如需要程度、工作年限）；组织因素（如组织声誉、经营状况、发展前景、组织独特性、外组织的显著性）；工作因素（如工作自主权、单调性、角色冲突或模糊性、工作负荷、知识和技能与工作匹配程度、工作挑战性）；工作环境因素（如人际关系、上司支持、共享目标或威胁、领导的观念和管理风格、内部沟通）；工作回报（如员工福利、工资、晋升、自我发展机会）；组织制度（如分配公平性、绩效考核公平、晋升机会公平）；等等。不过目前对于其中的机理或机制尚缺乏充分的研究（张勉、张德、王颖，2002），所以我们需要进一步考察其中的机制。

的企业了，即只是一个生产函数。表面上看，以科斯为代表的新制度主义经济学家们对企业性质的探讨都是从诸如交易成本、代理成本、有限理性等经济概念出发，但是其背后实际上已经承认了企业组织已经不仅仅是一种纯粹的经济组织，其中有着政治的（诸如权利的配置、权威的合法性问题）、社会的（诸如非正式群体、信任问题）因素在发挥着重要作用，正是这些因素的存在，使得企业治理模式能够成为一种与市场治理模式不同的资源优化配置方式。正如帕森斯的AGIL模式所强调的那样，任何组织都面临着整合和模式维持的功能要求，即要让组织成为一个聚合的整体，这里面包括了角色划分和角色分配、交往、共同的认知取向和互为联系的目标、规范化的手段管理、对感情表达的管理、社会化和异常行为的社会控制等。而这其中，社会成员认为合法而接受的共同规范和价值观念构成了社会整合的核心基础（斯温杰伍德，1988：235、239）。这样，组织的内在机制，就不只是一种效率机制、合法性机制和社会网络机制（周雪光，2003：154）[①]，而还应该有一种凝聚机制，这种凝聚机制所要达到的目标就是组织的社会团结。

3. 企业组织团结理论

从前面的分析中，员工问题已经成为一个重要的关注焦点被导引出来了，主要围绕两个方面：一方面是企业组织中员工对于自己的工作、生活所具有的满意度以及由此而带来的对于组织的认同、归属和承诺；另一方面是企业组织内部所产生的集体意识，这些直接影响到

[①] 周雪光（2003：154）总结了三个不同的组织研究理论，即交易成本学派、社会学中的制度学派和社会网络理论，其相应的是三种不同的解释逻辑，即效率机制、合法性机制和社会网络机制，其分析的着眼点分别是利益关系、制度环境与组织的关系、网络结构与个人在结构中的位置。

企业内部的合作问题或凝聚力、向心力问题。

首先是员工作为社会行动者所获得的自我满足感和幸福感。这个问题目前显得尤为突出，这与目前的制度变迁相关。传统的单位制是在一种总体性社会的背景下运作的，在这里面我们可以看到单位制与一般意义上的企业组织（厂商制）之间的本质差别（孙立平，2004：215-245），且不说其中高度的政治整合与意识形态主导本身已对职工进行了严格的流动限制，就资源获取来说，由于资源的不可流动性，体制外资源的极度缺乏，而单位内部所具有的功能的综合性，使得职工对单位组织具有高度依赖性（华尔德，1996）。这种依赖性也就使得单位组织获得了对职工的高度支配，即使在职工出现不满意或者相对剥夺感时，也无法轻易从单位中脱离出来，从而实现了"制度规范行为"（李汉林、李路路，1999，2000；李汉林、渠敬东，2002）。随着经济体制的改革，社会上资源的流动性增加，人们的选择性也大为增加，尤其是对于具有较高人力资本的个体来说，其个人自我的结构在社会制度环境的变化下也发生了变化，企业组织开始面对内部整合和凝聚力问题。从以往那种"设计的团结"（planned solidarity）中转变出来后（Lynd，1945），需要为新的组织团结寻找基础。

其次是企业组织内部的集体意识。根据涂尔干（2000）的解释，我们所强调的组织中的集体意识指的是组织内部成员所具有的共同认知（共识）、共同情感、共同价值理念。其实已经有不少研究者特别强调了组织中意识形态的重要性（诺斯，1992；林毅夫，2003；李汉林、渠敬东、夏传玲、陈华珊，2006；等等），意识形态包含了集体意识的价值维度和情感维度，即强调何种安排或制度是合法的、合理的、合情的。他们的一般性结论是，意识形态作为一种比较系统的价值或观念，直接影响到人们对于现有制度安排的看法、判断或者影响人们的预期，对企业组织来说，意识形态可以引导组织成员从道德或价值上判断企业中的相关制度安排是否合理，比如劳动分工、收入分配、奖惩、人事安排等；同时意识形态也可以左右成员的利益表达方式，甚至通过改变其"偏好"而使其对企业内部的制度安排表示出认可和接受，这样，也就可以减少制度执行的成本；还有就是意识形态可以成为一种人力资本，个体拥有量越高，那么就越有助于减少"搭便车"情形，增强个体的"虔诚"。总的来说，意识形态能提高成员对组织现行制度结构的合法合理性认可，并能促进内部凝聚和整合。

从研究的问题来说，我们强调企业组织中的集体意识是企业内部重要的社会环境和道德环境，这样，有助于在组织中提供一种非法律的且又能比较公正的处理争端的道德环境或公共空间。实际上，新制度经济学就借用了法律领域的研究进展，指出，法律只是提供了一个抽象的解决问题的框架，而更多的是采用私下解决方式，而且这种方式更有助于保持未来持续的合作关系（威廉姆森，2004：19）。另外，像麦克雷（Macaulay，1963）对合同的实证研究也指出，人们往往不按合同中的法律规定的方式来签订、履行合同及解决可能出现的争议，而是采用非正式的方式来相互妥协，但是，这种解决合作的方式是要以存在一个道德环境才能比较顺利地达成。但问题在于，单位制时期，涂尔干所期待的那种带有社会性质的组织形式或公共空间并未在社会经济生活中发挥多大作用，而且需要很长时间才可能逐渐发育成熟（李汉林、渠敬东，2005：16）。所以从这个角度来说，企业组织如何塑造出自身的集体意识，就成为一个重要问题。

所以，在对企业组织进行研究时，应该超越简单的经济效益或效率的考察，而应同时关注组织内部的集体意识和员工的满意度和幸福感，而且已有研究特别强调了企业组织的根本原则并非简单的效率原则或功利原则，而是能够将个体凝聚起来的黏合原则，即在组织内部铺展开来的一整套的秩序及由此形成的和谐状态，这既可以表现为企业组织内部的社会关系的和谐，也表现为组织成员的人格的和谐（李汉林、渠敬东、夏传玲、陈华珊，2006：12）。这些构成了组织内部的社会团结（social solidarity），即组织团结是企业组织的更为根本的属性。这应该成为组织研究的一个更为综合性的视角。从而，对于我们最初提出的企业效率基础问题，我们初步的解释是，组织团结或凝聚机制构成了效率机制的一个重要基础。

现有研究还特别指出，从目前中国企业组织内在组成部分的现状来看，传统的或外来的、习惯的或强制实施的、文化的或体制的各种因素往往相互夹杂在一起，这些形成了企业组织内在运作的基础，从而很难以类型学方式去考察，不管是用具有乡土意涵的"伦理机构"、共产主义文明下的"单位制"，还是现代市场体制下的"现代企业制度"，都不能很好地概括企业组织的这种状况。而采用的团结概念所要考察的，则是希望对企业组织能有一个综合性的理解，即理解其内在的结晶化的过程及由此而产生的制度晶体（李汉林、渠敬东、夏传玲、陈华珊，2006：8）。

那么，何为团结呢？本书直接引用现有研究的定义和结论，即"团结既是指社会群体或组织的聚合状态，同时也是指社会群体或组织的一种固体化、结晶化的过程"。具体来说，企业组织的团结是围绕以下三方面展开：①集体意识或形成社会团结的价值结构，团结即是一个能使组织价值在个体身上得以内化的过程，从而构成其对组织的认同；②由法、规范与习惯等形成的制度安排，这些正是制度经济学比较关注的研究领域；③组织成员作为行动主体所形成的自我指涉和社会关系，简单说，现代性为个体的自我发展开辟了一个宽广的领域，此时的个体既不能归结为总体社会的规定，也不能完全归结为组织的规定，而是相反，组织的社会过程是通过嵌入在组织中的每个社会成员的社会行动来实现的，也即说，组织成员的行动并非完全由组织制度所规定的，而是反过来，组织的社会过程需要由其成员的主体行动或意识来刻画，因此，组织成员的日常生活状态及由此而达成的人际关系构成了团结的重要组成部分（李汉林、渠敬东、夏传玲、陈华珊，2006：13-15）。

对于本研究来说，组织团结的具体社会过程是我们关心的主要问题。具体来说，我们接下来要细致考察的重点问题是：①组织成员的自我意识结构是怎么在企业组织中得到形塑的，其对组织的满意度、归属感以及对组织的认同和承诺是如何达成的，又是如何实现自我与组织的共同发展并获得自身的幸福感的；②集体意识又是如何在企业组织中产生的：具体的制度与规范怎么产生的或怎么得到承认和认同的，集体情感又是怎么产生的，道德义务感又是怎么产生的[①]。这些构成了本研究的理论预期，我们希望通过这项研究能够对这些理论问题进行一个比较详细的理解，并建立起相应的模型。

接下来的问题就是我们将采取什么视角来理解企业组织团结得以建构起来的社会过程。

4. 企业工会与员工参与

本书主要选择企业工会作为研究对象，考察企业工会能否带来以及如何带来组织团结的社会效果，在此基础上引出员工参与问题，考

---

① 其实，最早由莱宾斯坦提出的 X—效率的企业理论，也正是强调了个人心理方面的因素、个人与他人关系进而集体努力状态等因素会对生产效率产生重要影响。这种理论强调了企业组织中人的因素，因为企业不会自动地将投入转变为技术最优的产出率，特别要注意的是，企业购入的是劳动时间而非劳动努力，再加上合约的不完全性，所以，同样的配置完全可能有不同的产出和效率。因此，X—效率理论特别强调研究必须由个人入手，进而进入到集体行为，而且对人的假定中，既有理性的因素，也有非理性的因素，还有就是人的行为并不总对环境变化做出反应，即人的行为往往具有惰性特征，这对集体行为也是如此，所以传统、观念、习惯等不容忽视（杨瑞龙、陈放鸣，1999）。

察员工参与在促进组织团结上的意义、过程和机制。

之所以选择企业工会作为研究对象,主要基于对这样一些问题的考虑:目前企业工会已开始自上而下的大规模的推动组建,企业工会已然在很多企业中成为组织结构中的一个构成部分了,那么企业工会究竟在企业组织中处于一个什么样的位置?从而又发挥了什么职能?这些职能对于企业组织来说,又具有什么样的功能和意义?或者说,我们想知道,企业工会的建立只是一种制度化的结果(Meyer & Rowan,1977;DiMaggio & Powell,1991),或者说只是一种形式化的设置,那么企业的经营与管理活动与这种设置之间基本上不存在太多的关联呢?还是说像通常对工会性质所界定的那样,企业工会是员工利益代表,是员工争取自身利益的重要组织载体?或者是说企业工会对于企业的经营管理发挥着重要的作用,即企业内在的一些功能需要通过企业工会这种组织形式来得到实现,而且采用工会来实现这些功能时是否具有一些组织上的优势?

此外,另一个更为重要的问题就是,我们讨论企业组织团结是强调组织本身内部的整合和凝聚,而工会的一个重要传统,就是强调通过工人的联合来对抗资方,甚至是劳资之间进行不懈的斗争,这样,工会组织能否与企业组织团结共存呢?对于这个问题,我们首先需要对中国工会的历史发展以及相应的核心问题有个基本的了解,在附录二中,我们对这个问题进行了稍微明晰的梳理,此处则简单对其进行总结:对于企业工会的职能和定位,改革开放以来就一直处于争论和变化之中,从最初的仍然强调"生产为中心的生产、生活、教育三位一体",逐步转变为众所周知的"维护、教育、建设、参与"四项职能,后来因为新时期劳动关系的紧张问题,在四项职能中,维护职能得到了更为突出的强调,并且在新修改的《工会法》和《劳动法》中都得到了明确的强调。但需要特别强调的是,"维护"职能的强调,并不是要采用一种对抗、对立的劳动关系，而是希望能够建立一种"规范有序、公正合理、互利共赢、和谐稳定的社会主义新型劳动关系"。在意识形态上来说，王兆国（2004）特别强调说："中国工会与资本主义国家工会的一个显著区别，就是我们的工会在党的领导下……中国决不允许出现脱离党的领导甚至反对党的领导的组织，对于有些地方成立的带有'团结工会''独立工会'性质的所谓'职工维权组织'，必须……坚决予以取缔。"这也就决定了中国工会的职能必须是以党和国家的全局为重，而不是真正成为一个所谓的利益集团。这也就引申出接下来的两个原则，即坚持围绕中心服务大局和坚持两个维护相统一。强调工会必须去整合工会系统内外的各种力量，来形成一种"党委领导、政府重视、各方支持、工会运作、职工参与"的社会化维权工作格局（王兆国，2005a）。

目前，工会工作可能还不太令人满意，似乎没有真正维护好工人的合法权益，所以对工会的批评、不满、失望一直或多或少存在着。不过我们也需要认识到，那种希望通过工会的组建及其工作的开展来缓解或解决这种紧张的劳动关系的思路，其背后的潜在逻辑就是，工会作为工人利益代表组织，可以成为（潜在的）工人集体行动的组织基础，从而可以避免单个工人在面对资方（企业方）时所处的弱势地位，以平衡劳动关系双方的力量，这样才能为工人的合法权益提供基本的保障。实际上，对于工会的研究，很多就是从集体行动视角出发，探讨其中的机制、问题和方法，以解决通常所说的"集体行动的困境"问题。这样，工会也就被预设是作为员工的利益代表组织，与企业主的利益代表组织相互对立和抗衡，一种理想的模式就是双方通过集体谈判的方式来确立共同遵守的制度与规范，从而建立彼此间的利益平衡。

这里面我们需要特别注意的是，这种集体行动的模型究竟是指对何种工会组织？本书认为，这种模型主要是针对产业工会或行业工会的，对于地方工会和企业工会来说，似乎不太合适。也许它们的性质都可以定义为工人利益的代表组织，但各自的具体职能和工作方法，存在着很大的差异。如果能认识到这种区别，那么我们可能会将问题更明确化，而且在评判具体的工会组织，比如本书研究的企业工会时，可能提出的问题就不同了。我们的问题是，企业工会在企业组织中究竟发挥着什么作用？

本书认为，相对于产业工会旨在在劳动者与企业主两个群体之间建立起力量均衡下的利益博弈关系来说，企业工会的目标更多的是在企业内部建立起员工与企业（主）的积极联系，从而实现双赢的劳动关系局面，套用 2006 年出台的《企业工会工作条例（试行）》中的话来说，就是要以"共建和谐企业、共谋企业发展、共享发展成果"为工作目标和以"促进企业发展、维护职工权益"为工作原则。即企业工会工作应帮助在企业组织内部营造出一种道德环境或公共领域（安戈、陈佩华，2005），让劳动关系双方能够进行协商、调和，以便能回到企业组织内部来解决劳动关系问题[①]。所谓的道德环境，就是企业组织自身内在的集体情感和共识，或者企业组织内在的价值或观念体系，它通过对成员个体的价值观念的影响或者直接内化在个体的自我意识之中，从而影响其在企业组织中的行为和态度。

其实提出要营造一种道德环境，吸纳各方的共同参与，不仅仅是从维护员工利益的角度提出来的，其本身也是企业组织自身所必需的。我们前面看到了劳动者处于弱势的一面，从而提出了需要有一种利益组织来维护工人的利益，而表现在企业组织中，需要有一种道德

---

① 这种对于企业工会职能的定位，在李立三、刘少奇、赖若愚等早期工运领袖那里就已经有了明确的阐述。具体可以参见附录一，其中也简单讨论了企业工会与产业工会的区别。

环境或公共空间，以使双方通过协调达成基本共识。此外，我们也需要看到，不少企业面临着员工对企业认同度不高、敬业度和满意度相对较低，从而员工流动率较高，甚至出现集体跳槽的情况，这些都给企业组织带来了重要影响。所以，员工的满意度和认同感，也是企业组织本身所需要的社会效果，这同样需要有一个良好的组织环境，让员工积极参与企业组织中的一些事务，特别是参与与其切身利益相关的事务。这样，我们也就引出了企业组织中的员工参与问题。当然，企业工会提供了这样一个重要参与渠道。

现在已经有一些研究开始强调员工参与在企业管理中的重要意义。比如有的从利益相关者理论出发，提出应该让企业各利益相关者代表以不同形式参与企业的经营决策，将各方意志与利益贯穿决策全过程，通过博弈产生均衡，矫正企业治理结构失衡问题（黄兴年，2005）；也有的认为员工参与不仅能带来积极的企业治理效果，提高企业的经营绩效，而且也能提高员工的满意度和归属感（梁雄军，2004）；还有的强调员工参与能够帮助抑制经营者阶层对公司业务信息的垄断，帮助降低股东对经营者的监督成本，这样可以在企业治理结构中建立起一种制衡体系（祁华清，2005）；此外还有针对目前员工权益受损、劳资关系紧张等问题提出员工参与能够帮助解决或缓解这些问题（宋红梅，2006）。不过我们强调的是，企业必须能提供让员工的利益得到制度化表达和实现的渠道，这样员工的自我意识结构才能在企业组织中得到逐步的形塑，从而才能提高员工的满意度和认同感。

结合企业工会和员工参与两个方面来说，我们强调企业工会在企业组织中是一个重要的中介组织，其主要职能是如何去帮助企业组织理顺内部的劳动关系，从而组织和动员组织成员来促进企业的发展。所以，在这个意义上，工会与参与问题就是以企业组织为中心的一个组织动员模式。

综合来说，本书尝试提出这样一个观点：以企业工会为重要渠道的员工参与能够提高员工满意度和认同感，提高企业制度与规范的合法性和权威性，协调企业内部的组织结构矛盾，增强企业组织内在的集体情感和共识，从而实现企业组织团结。具体来说，本研究将指出：①企业工会的各种福利生活职能能够促进员工融入集体，提高其被接纳感和归属感，并且能增强组织成员的集体情感和相互依赖感，从而提高其满意度和对组织的认同；②企业工会通过组织员工参与组织制度与规范的制定、了解企业的经营发展计划，让其获得一定的建议权和知情权，从而能提高员工对企业经营规划和发展目标的认可，也能提高企业组织的制度与规范的合法性和权威性；③企业工会通过协助行政处理各种非行政事务，同时也协调行政内在的结构性矛盾，从而提高企业内在结构的协调性；④像工会、职代会等多元化的信息渠道越多，或者说企业组织中员工利益表达的制度化渠道越多且越有效，那么员工参与企业生产经营和管理事务的积极性和投入度越高，自然也就更容易提高员工对组织的满意度和认同感；⑤企业组织提供给员工实现和发展自我的制度化渠道越多，提供的相应的社会支持越多，员工越容易在企业组织中找到自身的满足感、成就感和依赖感，从而提高其满意度和认同感；⑥企业组织中的良好社会关系是员工在企业组织中获得社会支持和组织认同的重要影响因素，因此员工对于其所处的社会关系的满意度越高，并且其感受到组织对自己的认同和承诺越高，其对于企业组织的认同感和归属感也越高；⑦企业组织越能通过特定的方式来提高员工在工作中的投入度和关注度，而且能够将这种投入度和关注度不断地再现，那么员工就越能在组织中产生一种集体情感和道德义务感，从而增强企业组织中的凝聚力。

二 文献综述

我们首先对企业组织团结的现有理论及研究做一个简要梳理,从中理出我们进一步研究组织团结的理论出发点。在明确了理论问题之后,我们将围绕这些问题梳理一下现有企业工会以及员工参与研究是如何讨论这个问题的,又提出了哪些线索来帮助我们将研究工作进一步向前推进,从而能将企业组织团结的社会过程呈现出来。最后在小结中,我们将提出本研究的大致思路。

1. 组织团结的基础

(1) 小群体研究中的群体凝聚问题。

早期对小群体凝聚力问题的研究对于我们现在考察企业组织团结具有重要的参考意义,所以我们也就从这方面的研究梳理开始。

Gross & Martin (1952) 认为,小群体的凝聚问题,就是看群体是怎么黏合在一起的 (sticking-togetherness),或者说群体依靠什么纽带来实现内部的凝聚。他们引用了 Festinger、Schachter 和 Back 等人的观点,即群体就是"一种由各种力所构成的场域,这些力能使成员保留在群体中"。那么究竟有哪些"力"在发挥作用呢?他们认为,其一就是群体对成员的吸引力 (attractiveness),这主要来自群体或者群体成员之间的人际情感上的相互亲和力;其二就是群体能为成员达成的目标程度,即成员能从群体中获得他在别处难以获得的东西。这两种"力"构成了群体凝聚的主要基础或纽带。不过他们还强调了一点,就是我们必须考察群体所具有的对抗分裂的力量(特别是在危机时期),即也要考虑抵抗力 (resistance)。吸引力基本是从个体层面来说的,即个体能够通过群体获得自己所偏好的东西,既包括利益,也包括情感；而抵抗力则更多的是从群体层面来说的，即群体具有的防止个体从群体中随意脱离出去的纽带或力量，这既可以是制度规范、价值，也可以是强制和胁迫。这样，实际上也就增添了另一种"力"，不过这第三种"力"并没有得到明确的测量和解释。

后来的研究者基本上发展了前面两种力，Hagstrom & Selvin（1965）通过对20个大学生生活群体的分析，即提出了小群体凝聚的两维度模式，他们将群体凝聚定义为"群体能使其成员行动一致，保持一种群体认同感，并能控制其成员的行为"，这时该群体可以被认为是"整合"（integration）的、"团结"（solidarity）的、"凝聚"（cohesiveness）的。他将那两种力定义为两个维度，分别命名为"社会满意度"（social satisfaction）和"社会关系凝聚力"（sociometric cohesion），前者涉及的是群体所具有的工具性的和协调性功能，反映的是相互依赖性，即他们因追求某种目标而相互联系起来，而且群体行动能带来的结果是群体外所不能有效达到的；后者是基于人际相互吸引的情感（affect），反映了群体成员资格（membership）的内在吸引力。这样，不同群体就可以落在情感主导型到理性主导型的一个连续谱中。后来，Sakurai（1975）在这两个维度下进行了群体内成员服从行为的研究，证实了成员的服从是来源于这两种吸引力。不过关键在于，当凝聚力主要来源于相互吸引时，成员的服从行为具有相对的稳定性，即不会因为服从会带来消极后果而随时可能不服从；而当凝聚力主要来源于相互依赖时，那么人们的服从就容易变动不居，即一旦认识到服从会带来有害的后果，那么就可能不服从了。所以，在一定程度上，这也提出了不同的纽带会带来不同程度的凝聚强度。

在Gross & Martin的研究中，已经提出了第三种力的存在，因此，群体凝聚应该是三个维度的，这一点，在Feldman（1968）的研究中得到了明确阐述。他通过对61个儿童群体的研究提出了三种群体整合模式，即人际整合（interpersonal integration）、功能整合（functional integration）和规范整合（normative integration），并且他认为Festinger等人过于强调人际吸引层面，而忽视了功能依赖和规范限制的作用。后来，Allen & Meyer（1990）则在此基础上，提出了组织承诺的三要素论，这也基本上构成了群体凝聚的三种基础，即情感依恋、对成本的觉察和责任，相对应的是情感性承诺、持续性承诺和规范性承诺，"有着较强情感性承诺的雇员之所以留在组织中，那是因为他们想这样做（want to）；那些有着较强持续性承诺特征的雇员则是因为他们需要这样做（need to）；至于那些有着较强规范性承诺的雇员，则是因为他们觉得他们应该这样做（ought to）"。这种三要素论后来被有关研究者推论到非西方国家中，发现也是具有一定程度的适用性（Lee，Allen, Meyer & Rhee, 2001）。

此外还有一些研究强调了群体凝聚或团结不仅需要有友谊、相互的保护、共同的规范，还需要有共享的意义和领袖等，群体团结的核心方面在于彼此的相互保护和群体纪律的实施（Hodson，Welsh & Rieble, etc, 1993）；而人际沟通是共享意义或共享价值理念得以产生的重要机制（Schein, 1960）。

总的来说，以往的小群体研究提出以下三种群体凝聚基础，即情感吸引、功能依赖（或利益吸引）、价值规范。不过，这些研究有以下问题：首先是小群体的研究结论能否推断到大群体或者像我们研究的企业组织中来，特别是这些研究大都是以孩童或者大学生作为研究对象；其次，这些研究更多的是举出或者测量了三种要素带来的影响，而很少去考察其中具体的机制和过程。

（2）理性选择理论。

理性选择理论基本上是从功能整合（或对成本收益的算计）出发来解释组织团结的，其理论模型就是希望考察各个理性的、自利的行动者之间是在什么条件下,通过什么样的一套机制来凝聚起来。以赫希特(Hechter,1987)为例,在其《组织团结原理》一书中,他认为,群体团结理论即是力图解释理性的、资源占有最大化的行动者是如何创造并维持群体的规范结构的。他将团结定义为群体成员在没有特别的补偿情况下,主动去遵从群体规范的程度。他建构了一个群体团结的函数模型,即 f(ab),其中 a 代表群体规范的外延性(extensiveness),b 表示群体成员对这些规范的遵从概率。前者直接取决于成员对群体财产的依赖程度,这直接与资源的可替代性及从其他群体获取资源的可能性相关;对于后者,即指个体会理性的权衡是否服从规范,是否尽自己的努力来增进群体福利,于是这便容易出现奥尔森(1995)所讨论到的集体行动的困境问题。因而这就需要再加入一个重要因素,即群体对成员的控制能力,即监控和赏罚能力,当然,这也就要面对一个成本—收益的权衡问题(特纳,2001a:318-326),还有在监控与赏罚时出现"二次搭便车"问题,即实施监控与赏罚者也有着搭便车的可能性。所以,最终赫希特的模型实际上在很大程度上与奥尔森的观点有很多相似之处,比如他也隐含地强调了规模对团结的影响,认为小群体比较容易克服搭便车困境,而在大群体中,团结问题变成了一个如何进行有选择的激励及社会控制的问题。

这种理性选择模式,招致了诸多直接或间接的批评,最明显的批评来自那些强调情感或价值的研究者,他们认为这种模型对理性个体的界定太狭隘,而且仅限于资源的配置及其利益效果范畴,从而回避了价值领域的讨论(李汉林、渠敬东、夏传玲、陈华珊,2004:12),或者说它在很大程度上没能考虑到人们在互动中(尤其是在长期互动中)产生出来的同伴情感(fellow feeling)(Tilly,1989)。Heise(1998)则从认知心理学角度指出,认知(cognitive)关系并不足以构成团结,必须有一种情感的呼应才能构建出持久稳定的团结。Fararo

& Doreran（1998）在综述有关群体社会团结的文献时，借鉴了霍曼斯的观点，指出，在团结的四个要素（即情感、行为、互动和规范）中，情感占据重要位置（Shibutani，1964）。作为一种回应，也许在一定程度上也是作为一种对研究领域的拓展的雄心，理性选择理论将理性概念进行一种广义化处理，即"效益"不只是经济利益，还包括社会的（如团结）、文化的（如道德规范）、情感的（如友谊）、政治的（如权威）等效益（林彬，1999；科尔曼，1999：18）。那么这种解释就必须面临一个选择，或者其命题过度泛化，成为什么都能解释的无意义的同义反复，如布坎南指出的，这种广义的自利（效用）模式赋予我们解释每种行为的能力，但最终什么也不能解释（转自杨春学，2005），或者必须将这些广义的效用、理性概念细致化、具体化成条件性命题，从而具有明确的指称对象、条件和领域。

不过，更严厉的批评并不是指向理性概念是否狭隘，而在于个体的自我意识结构是不是像理性选择理论所强调的那样是预先给定的，还是说个体的自我意识结构原本就是在不断的社会化过程中才得到明确的，而且也会在进一步的社会化过程中或在不同情境中是否发生变化。Tilly（1989）在对赫希特那部著作的书评中指出，赫希特的一个很麻烦的预设便是假定了个体的偏好是既定的且稳定的，其内涵包括：一是利益结构或偏好是稳定的；二是行动者是在手段与目的、收益与成本间进行一种工具理性式的算计、权衡的理智态度（周建漳，1996）；三是基于前两点而确定了行动者的行为的稳定性、持续性和可预期性这样一些"美德"（Hirschman，1977）。而这似乎只是一种抽象的假定，以此作为研究出发点，容易产生很多问题。

以组织研究为例，费埃德伯格（2005：25-47）批评说，经济人假设实质上是将个体当作抽象的人，然后依据其抽象特征进行演绎式的推理和判断，而尽管新古典经济学所修正的人性观点更为宽泛些，甚至包括"社会人"预设的引入,其实质只是将此种抽象人的外延(动机)扩大了而已,其思想本身还是一种先验式的抽象及在此基础上的演绎推理,即我们可以将一些实质性的特征赋予人们,并由此可推断其行为,因而人的行为完全是可被预知的。此外,我们甚至可以先验地根据抽象人的行为逻辑来对其动机特征进行描述和分类,这样就有可能会抽象地确立一些类别之间的过分清晰的界限,从而引出一些抽象的对立和冲突,而这些抽象根本都未考虑到在变动的情境中,既自由又受约束的人的行为所具有的可塑性和或然性。比如,组织研究中的人际关系学派注意到了组织中非正式群体的存在及其对泰勒式科学管理提出的挑战,所以后来研究者都强调工人们的情感取向,而这种情感诉求在很大程度上是与科学管理的组织结构往往是相冲突的。但是这种发现的一种僵化或抽象化的理解的后果,便是研究者往往会将"代价逻辑"或"效率逻辑"与"情感逻辑"进行人为割裂,"它表示的意义就在于——无论是有意的还是无意的,管理者是由理性逻辑指导的,相反,工人则基本上是感观和情绪的产物"(转自科塞,1989:38-39)。而这种抽象或先验的分离表现在对组织结构的分析上,就是往往主观地、先验地强调非正式结构与正式结构之间的分裂和冲突,其结果便是,不恰当地将组织功能还原为两种行动逻辑中的一种,或者是选择组织效率,或者是选择个体的志向和需求(费埃德伯格,2005:31)。

(3)仪式(情感)团结理论。

与理性选择理论相对立的是柯林斯在涂尔干和戈夫曼的理论基础上发展出来的仪式团结(ritual solidarity)理论(Fararo & Doreian, 1998;柯林斯,2004:6-7),这种理论可称为情感理论(特纳,2001b)。在其一篇名为《宏观社会学的微观基础》(Collins, 1981)的论文中,他恰是要反对用理性来解释社会结构,他强调了情境(尤其是具体的微观情境）的意义，唯有在其中，个体的行动才能得到充分的解释。而且他进一步指出，社会结构实质上是人们在特定的场所不断重复的行为的结果，即人们使用特定的物质客体（physical objects）及大量相同的符号表达来不断与特定的他人进行交往，而在这种重复行为中，最可见的部分是物质层面的、特定的场所和客体，包括他人的身体。这种对物质性（physical）的强调则是进一步指明人与人的互动机制不是认知性的，而是围绕着具体情境所激发的一种情感性的群体认同过程。这种对物理性概念的强调实际上是从涂尔干的物质密度、道德密度等概念中延续过来的，柯林斯（2001）宣称，"作为社会学的'基本规律'的东西即是互动结构密度的程度和状况，如何导致'道德密度'的程度，并因此导致不同种类的群体象征意识和感情意识的原理。"换言之，仪式是各种团结的群体得以形成和动员的机制。

在柯林斯看来，最主要的互动仪式是交谈（conversation），而使一次交谈能顺利开展的前提条件有两个：一个是交谈或文化资本（cultural resources），即不同谈话的风格和主题；另一个是情感能量（emotional energy），表现为谈话时的音调（tone）和节奏。作为一个群体的成员，必须有着最低限度的共同情感，而影响情感能量的有以下几个重要因素：①每一次成功的仪式体验；②群体所具有的力量（power），如它所能声称其具有的财富资源，其追随者或对其依赖者的数量，以及其所拥有的诸如武器、暴力工具等物质性力量；③仪式中所激发出来的情感强度，这尤其表现在与外在群体发生冲突时；④个体所占据的地位是否具有支配性；⑤仪式成员间的排斥或接纳程度；等等（Collins，1981；柯林斯，2004：17）。

而作为仪式团结的基本条件和过程有以下几个方面：①个体成员的共同在场；②他们有着共同的关注点或关注客体；③有着共同的情

绪；④在前面三个要素共同作用下，出现了情感能量的增加，这主要是通过身体互动、言语行为、口语微观频率等共同的节奏展开的，随着微观一致性的增强，参与者暂时被统一在一个共同的现实中；⑤参与者于是感觉到他们构成了一个群体，自己是其中的一员，彼此间负有道德义务；⑥其关系被他们在互动仪式期间所关心的东西象征化，进而当他们在话语或思想中使用这些象征符号时，他们会默契地想到他们是群体成员，但是象征符号必须通过互动仪式的体验而被赋予一定的社会意义，如果这些仪式在一段时间内没有重复出现，则符号的作用会被削弱；⑦在此过程中，如若出现对群体的触犯行为，则会对其进行惩罚；⑧而这种团结的集中程度也会表现在他们对群体外在人员的态度上，即可能表现出排外情绪（Collins & Hanneman，1998；柯林斯，2004：7-9）。

柯林斯的仪式团结理论，重申了情感在团结中的重要地位，并且他对仪式团结的基本条件和过程进行了非常细致的分析，这有助于我们去理解价值或集体情感是如何影响个体的自我意识结构的。

（4）涂尔干的社会团结理论及其启示。

涂尔干的社会团结理论给本研究提供了主要理论基础。我们首先简单梳理其关于社会团结的理论，然后再考察他对职业群体的分析，这对于我们理解企业组织具有最直接的启示。

涂尔干的社会团结理论主要是建立在孔德、斯宾塞与滕尼斯等人的理论基础之上，而这三人又分别代表了对社会团结研究的三个不同的理论传统，即法国的实证主义和权威主义、英国的功利主义和自由放任的自由主义、德国的国家社会主义（Lukes，1985：140）。

与孔德和斯宾塞一样，涂尔干在《社会分工论》中也强调了分工带来的功能依赖对于社会团结的重要意义，但是他反对斯宾塞的功利主义式的个人主义观点，指出社会团结不可能建立在个人利益之间的契约基础之上，因为人与人之间的交换所带来的只能是暂时性的联系，而不能构成一种实在的有机的纽带；而且他与斯宾塞不同的是，他还强调了国家在现代社会中将会不断扩大自身的活动范围，且此过程与个人自由并无斯宾塞所描述的那种冲突。不过他又不像滕尼斯那样采取了一种国家社会主义的方式来解决社会团结问题。涂尔干（2003：328-336）曾写过一篇对《共同体与社会》的书评，他不赞同滕尼斯将现代社会看作纯粹的机械性的集合体或是一种"想象的和机械的结构"，其中的社会生活并非是源于内在的自然的，而是源于国家完全外在的强制作用。涂尔干认为，"所有大规模的社会群集生活，同小规模的集合体一样；任何地方都是自然的，它既非不是有机的，也不是不独立的，除了纯粹的个人活动之外，在我们当代社会中还存在着真正意义上的集体活动。这种活动同以前范围不大的社会集体活动一样，都是自然的"（涂尔干，2003：335）。而涂尔干非常关注的职业群体的活动就是这样一种代表。在那里，人们并不像滕尼斯所说的那样，是基于私利而结合在一起，而是当它一经形成，道德生活便卷入其中。特别是在后期的研究中，他也像孔德一样重新强调了要重建一种新的道德基础，这表现在他对职业伦理、公民道德以及道德个人主义等的研究之中（涂尔干，1996；2001；2003）。这种强调道德生活是社会团结的基础的观点是对孔德观点的继承，不过涂尔干与孔德又有所不同，他没有特别强调一致性和服从性，及共享信仰和情感的统一模式，而是考虑到了社会功能的分化及由此出现的道德多元主义与一元主义之间的复杂关联（Lukes，1985；Marske，1987）。

涂尔干后来对职业伦理、公民道德及道德个人主义的考察就是在对现代社会团结的道德基础上进行的一种积极探索，这些探索归结为一点，就是强调了现代社会团结的主要纽带仍然必须有一种集体意识和公共精神。而其中他对职业群体的历史考察,对于我们的组织研究更具有重要理论意义。在涂尔干(2000)看来,职业群体的核心就是其集体意识或公共精神。在共同的宴饮仪式、共同的节日仪式、共同的墓地等集体生活中,"将生产交换、公共开支、权利分配、情感依从以及信任和信仰等所有日常实践活动及其道德环境统合了起来。也正是在这个意义上,法团将私人利益与公共利益调和起来,并通过某种牺牲和克制的精神使其道德属性凸显出来;不仅如此,法团还以共同的道德生活为基础,制定了与集体情感和集体意识相应的规章和规范"(李汉林、渠敬东、夏传玲、陈华珊,2006:16)。

在涂尔干的这些分析中,我们可以梳理出两个重要的问题,就是集体意识或公共精神对于组织团结来说是非常重要的道德基础;与此同时,这个仪式过程中,不仅是一个规范生成的问题,更是一个价值规范内化的问题,即进入个体的人格结构之中(Parsons,1979),也提出了成员的自我意识结构问题。我们在前文指出,涂尔干对功利主义进行批评时,就指出了在个人人格的"手段—目的"图式中,不仅手段由社会规范进行外在规定,而且目的成分并非完全个人的,其中也包括了社会的成分。实际上,失范的社会学意义在于,它并非因为个体缺乏实现其目的的手段,而是因为其目的并不能与已经制度化了的价值规范体系进行有意义的整合(Parsons,1979)。所以我们不能预设个体的自我意识结构,反而应该去考察这种自我意识结构是如何在具体的制度与规范下、在具体的情境中(即在企业组织中)逐渐形塑的。

2. 企业工会、员工参与与企业治理

企业工会是我们的最初切入点,我们想知道,企业工会在企业组织中究竟发挥着什么职能。我们先对现有的企业工会研究做一个简单

梳理，看其中哪些职能可能促进企业组织团结，从而找到建构企业组织团结模型的角度。在企业工会问题上，我们进一步引出了员工参与问题，毕竟组织团结过程需要员工的主动参与，而且企业工会本身就是组织和动员员工参与的一种重要组织形式，所以我们也需要了解现有员工参与研究，从而充实组织团结模型。

(1) 企业工会的职能及其参与渠道。

对于现有的企业工会研究，我们根据其所强调的不同职能和不同的参与环节进行如下简单归纳。

首先从企业工会的参与环节上来看，可以分出三个环节，即规章制度的参与制定、规章制度的执行监督、规章制度被违反后的协调处理。不过，工会组织监督和配合实施规章制度方面的研究相对较少，这个方面的研究结论一般是强调工会作为工人的群众组织，也负有规范其成员行为的责任，所以企业工会必须积极发挥监督和保证作用，而这可以通过类似民主监督、员工考核、干部考核等方式来进行（李富润，2001；刘卫东，2005；张良金，2003）。至于企业工会应该积极参与调解劳动争议，并且应把这当作企业工会当前的一个重要责任来抓（周万玲，1997；吕克勤、赵明山，1996），则是与目前经济领域中普遍存在的"强资本、弱劳动"处境下出现的大量劳动关系紧张、冲突等问题相关的。有研究特别强调了参与劳动争议协商的原则主要是以代表和维护劳动者的利益为基本出发点，以协调和稳定劳动关系、促进企业发展为根本目的，以法律为准绳和规范（王敏，1997），以此促进企业利益共同体的形成（叶迎春、夏厚勋，2005）。也有研究者立足于国企改革所带来的矛盾问题，强调了企业工会应该寻找矛盾化解办法，以将矛盾尽量化解在基层，减少对社会秩序带来的冲击和震荡，比如要做好职工来信来访工作（东风，1997）；协助困难职工申请最低生活保障，建立帮扶中心以缓解可能出现的矛盾（沈伟，

2004);具有应对群体性突发事件的能力(陈光耀,2006)。

我们重点考察企业工会组织员工民主参与规章制度制定方面的研究。这是很多研究者和工会工作者所强调和期望的,他们认为,企业工会应该参与企业内部的规章制度的制定,特别是关系到员工切身利益的方面,通过将员工的意愿反映上来,并与企业方进行协商和讨论,进行企业内部的"立法",这样可以从源头上确立和维护员工的合法权益。同时,这种参与也可以让企业的规章制度获得"合法性"和"合理性"基础,从而有利于企业的管理(谢文年、许晓虹,2006;温可人,2005;张立江,2005;翟继霞、冯莉,2004)。有研究还将民主参与管理提升为建立现代企业制度的必要内容。劳动关系始终有冲突对抗的一面,也有其合作共赢的一面,而解决的办法,就是将冲突、对抗的一面,通过各种制度化渠道转化为可以控制的双方共同遵守的规则,这样就能尽量使资本、劳动、管理、技术,各尽其社会功能(周玉清,2004:53-54)。

对于不同所有制企业,工会参与民主管理是存在参与的程度和权力大小的差别的。一般的看法是,相对于企业的生产经营、长期规划、重大决策来说,非公企业员工更关心的是与其切身利益息息相关的劳动权益问题,而且在参与权限上,应该还是限于知情权、建议权、协商权和监督权(戴春,2004)。这样,在非公企业中实施民主管理主要是要构建一个供劳资双方对话、沟通和协商的平台,这样可以就生产经营计划、员工的录用和辞退等事项进行协商,可以"议而不决"。还有研究更为细致地指出,探索非公企业职代会的多种实现形式,应从企业的资本构成、管理水平、规模大小,党的工作基础和工会的工作基础、管理者的民主意识、职工队伍素质的情况来确定(江苏省总工会课题组,2004)。对于国有企业,可能在前面的基础上,有一些更多的权力,比如有研究指出工会(通过职代会)享有企业生产经营重大问题的审议、建议权,对企业调资和奖金分配方案、劳动保护措施、奖惩办法以及其他重要规章制度的审议、通过或否决权，对职工生活福利方面的重大事项的审议决定权，对企业领导干部的民主评议监督权和民主选举权等（张吉会，2002）。

在具体的参与途径上，有很多传统的方式可以继续发挥作用，比如职代会制度（工会则主要做好职工代表述职活动、职代会议程安排、民主评议中层领导干部、落实提案、处理职工意见建议、组织职工代表巡视检查等工作）（王斌，1997）；工会主席进入董事会、副主席进入监事会；组织集体协商和签订集体合同；中小企业可以采用劳资协商会议、恳谈会、听证会、议事会和民主管理小组等形式；工会主席进企业领导班子（翟继霞、冯莉，2004）；厂务公开（公开栏、厂情发布会、座谈会、联席会等形式）（王如华、孟庆文，1999）；等等。

在参与规章制度制定方面，一个比较集中的研究方向是企业工会组织集体协商（集体谈判）和签订集体合同。有研究特别强调，集体合同与劳动合同是有重要区别的，后者只是用来建立劳动关系，而前者则是用来协调劳动关系的（郭军，2004）。而且通过这种有组织的集体协商方式，可以弥补单个劳动者面对强势资本时所面临的弱势地位，通过一种社会运动的方式将劳动者阶层的集体利益反映到社会规则的制定上（宋伟，2004；陈沙，2002）。有研究特别对集体协商（谈判）所具有的功能进行了细致分析，认为它发挥了三种重要职能，一是市场或经济功能，即通过谈判确立工资水平，并确立劳动关系双方的交易关系，达成一种均衡效用；二是政府作用，即通过谈判形成一系列规范劳资关系的程序性规则，这就类似于政府通过制定法律法规来行使一种行业的管理，并且确立了管理方行使权利的规则（或一种权力的合法性）；三是决策功能，即通过谈判确认工人有权通过工会参与工作场所规章制度的制定，工会或工人的其他代表组织可以与雇主一起，就共同关心的问题进行磋商和谈判，其强调的是工会和企业间的相互依赖关系，使冲突制度化，用共同利益来协调存在的分歧（程延园，2004b）。还有更进一步的研究指出，目前，集体协商和集体合同制度的推行，应该突出围绕工资问题展开（王建平，2006；沈伟，2004），认为通过集体谈判的方式来推进工资制度的改革可以合理配置劳动力资源、降低由无组织工人与资方进行谈判的成本、实现劳资双方的有效沟通和利益协调以增强企业凝聚力（佘云霞，1998）。

还有大量的研究是直接从企业工会的参与内容或具体的职能发挥上进行分析讨论的。归纳起来，有如下一些方面或角度。

①企业工会应该首先积极参与企业安全生产及劳动保护方面的工作，这的确是《工会法》和《劳动法》所赋予的企业工会的权利，而且从目前国内经常报道的生产事故来看，这自然是工会迫切需要解决的问题，维护职工的生命权和健康权。在这些方面，工会要发挥监督、建议、参与、保护和宣传等作用（赵勇校，2005；深圳中冠纺织印染股份有限公司工会，1995；郭祥智、方盛友，2006；李根海、王韶，2004；吴强，2006；沈伟，2004）。

②企业工会在维护工人利益时，应该要以就业第一为原则（沈琴琴，2001），工会应会同企业行政加强职工培训，这样可以在促进企业发展的同时提升工人自身的素质、提升其人力资本价值，这也就是引导工人与企业的共同发展，因而也是维护工人利益的主要表现（童爱农，2003；吴强，2006）。也正因为此，有研究还特别指出，在工资增长方案的协商上必须兼顾就业，并且保证企业工资增长以劳动生产率和经济效益的提高为基础，立足于企业的可持续发展（曹艳春，2003）。

③企业工会应该积极参与企业文化建设，因为工会具有非常广泛的群众基础，这有利于企业文化建设的开展（赵旺兴，2002；郝红，2006；袁志超，2003）。通过组织员工参与企业文化建设，可以对员工进行引导、激励、凝聚、约束（李永威，2003）。在参与方式上可以

采取参与民主管理、职工教育、文体活动等方式（赵东辉，2004）。从1983年3月起中共中央提出的工会要真正成为"职工之家"，接着全国总工会于1984年做出的《关于整顿工会基层组织，开展建设职工之家活动的决定》，都是希望通过"建家活动"软化劳动关系，调整工会组织与行政组织的矛盾和对立，彰显工会组织的建设、宣传、组织、教育的职能，强调工会活动在维护本单位利益、促进本单位事业发展中的作用（何广亮、丛玲，2003）。

④企业工会应该积极参与现代企业制度建设，而且工会工作应该成为现代企业制度中的重要内容（沈伟，2004）。比如有研究强调企业工会可以通过以下各种方式积极参与到现代企业制度的建设中来：工会主席、副主席依法参加董事会、监事会；坚持和完善职代会制度作为职工民主管理的最基本形式；建立平等协商制度，以促进稳定协调的劳动关系的建立；建立集体合同制度，用契约形式来规范劳动关系双方的权利和义务（王娅丽、方文德，1995）。不仅如此，当企业改革面临诸多原有体制或制度的遗留障碍和难以"活络"的地方时，工会还得积极帮助以推动企业的改革进程，必须确立"企业（包括职工群众）的难点、热点，就是工会工作的重点"的观念以教育和引导广大职工形成支持改革、参与改革的主人翁态度（严逸敏，1997）。

（2）企业工会的具体运作方式。

那么，企业工会在工作方法上又该如何运作呢？如果纯粹从工会要维护工人利益的角度来说，工会的运作应该保持独立性，不能受制于行政（或党组织）。但是，对于企业工会来说，似乎这种独立性具有一定的限度。有研究就特别指出，我们需要对所谓的工会工作要"独立自主"的认识误区进行反思，这是因为，企业工会独立开展活动是很困难的，是需要党的领导和行政的支持的。而强调工会工作"独立自主"极易产生企业工会工作游离于企业生产经营之外，造成与行政工作的"对立"。因此,企业工会应善于把行政管理与民主管理结合起来,在替职工群众排忧解难的同时,也要为经理厂长排忧解难,真正做到民主管理有利于企业生产经营的发展,有利于企业增强凝聚力、向心力,切实形成企业利益的共同体(李富润,2001)。

研究者佟新(2005a)通过对一家合资企业的工会运作情况研究指出[①],市场经济条件下的企业工会目标主要有两个:一是福利目标,包括提高劳动报酬、退休金、各种保险、休假等,这是指向结果的目标;二是民主目标,就是使工人在工厂管理上有一定的发言权,主要表现为在工作安排、加班时间、对工人的惩罚、申诉的处理、劳动安全等制度建设上的参与权,这是指向程序性的目标。不过在某种程度上,工会民主目标并非使会员有参与权,而只是满足会员的知情权。她甚至更进一步指出,企业工会在民主目标上要求的与其说是工会会员的权力,还不如说是工会本身的权力,因此她认为可以用"人格化工会"概念来理解中国目前的企业工会,即认为工会组织本身具有拟人化的利益和行动能力,它不完全是工人利益的代表者,它更像是一个利益单位,它为了自身的生存和发展,会自主地选择代表工人的利益,并与其他各种利益群体存在冲突、妥协甚至联合的关系。

在工会具体运作方法上,她指出,在合资企业中,党组织为了解决自身的合法生存与发展问题,与工会达成了新的力量组合,即党组织、行政组织和工会组织在人员配制上相互交叉,这种党政工的交叉使企业内部的产业关系变为"中外方"的关系,这使工会处于相对有利的位置,工会嵌入在与党组织、行政和外方管理层的多重关系中,为其争取权力、增加谈判能力创造了空间。当然,企业行政(人力资

[①] 另外参见佟新《工会实践中的"效率合约"——以 BJC 工会集体合同为案例的分析》,http://qkfz.pku.edu.cn/printpage.asp?id=8。

源部门）也会利用工会来实现其管理目标，比如在工资协商上，人力资源部门会在工会与公司谈判之后，再与工会协商决定工资的具体分配方案，这样可以实现其激励目标。这种党工活动一体化的运作模式也被有关研究强调可以作为非公企业工会工作方法（江苏省总工会课题组，2004），因为，一方面工会组织可以弥补企业党组织所没有的"社会公开身份"，另一方面工会组织可以借助党组织的"支部建在连队上"的组织建设能力来强化自身的组织能力，这样党也可以通过促进工会维护职工权益而维护自身的执政基础（史美兰，2006）。

另一研究者张静（2001b）曾对一家国有企业的工会的运作情况进行了细致考察，认为中国（企业）工会的运作模式是一种法团主义模式（corporatism）①。首先从企业工会的性质及其在企业组织结构中的定位来说，工会是准官方化的，是属于行政体制的一部分，兼有部分行政职能，但其本身又不是权力机构，而是一个拥有广泛成员的群众性组织；其工作目标是联系职工群众，将其整合到体制中去。企业工会的工作必须紧紧围绕企业行政的工作目标，帮助企业行政联系职

---

① 张静（2001a）对法团主义进行了比较详细的介绍，"法团主义"所概括的是一种特定的利益代表系统，这个利益代表系统由一些组织化的功能单位（组织团体）构成，它们被组合进一个有明确责任（义务）的、数量限定的、非竞争性的、有层级秩序的、功能分化的结构安排之中。它得到国家的认可（如果不是由国家建立的话），被授权给予本领域内的绝对代表地位。作为交换，它们的需求表达、领袖选择、组织支持等方面受到国家的一定控制。因此，在这个系统中，其中心任务是如何将社会利益组织整合到国家决策体制中去，因而它代表着国家与社会的一种结构联系。对于这些社会团体（也即功能单位）来说，他们担负着双重职责，即利益聚合（通过进入决策过程而对相关的公共事务有建议、咨询的权利）和推行政府政策（担负起在组织内部对公共责任的承担和对组织的规范性管理）；而它们彼此之间的关系是非竞争性的，有着各自的层级秩序（hierarchically ordered），并且在各自的功能领域内享有垄断性的代表地位。总的来说，这种结构系统意味着社会和国家双方角色的改变，一方面是社会中分散的利益诉求，按照功能分化的原则组织起来，参与到政策形成的过程中去；另一方面则是从这种制度化的参与机制中，国家权力获得稳定的支持来源（即合法性）和控制权。因此，法团主义模式所关注的主要问题是，社会不同利益如何得到有序的集中、传输、协调和组织，并用各方同意的方式进入体制，以便使决策过程常规性地吸收社会需求，将社会冲突降低到保持整合的限度。所以，"利益协调"是法团主义最常使用的概念。

工成为其基本职责,这决定了其实际身份是企业行政权的辅助性组织,其基本位置是中介性的,即桥梁,以便使双方各自目标和要求最大限度地统一起来。她观察到,企业工会在自定规章中也尽量淡化自己的权利,将自己的角色定位为工作/执行机构,它的参与职能不是作为某一群体的利益代表,也不是作为监督力量,而是作为体制团结职工群众的桥梁存在。对企业行政而言,工会活动可以帮助促进职工和行政间信息和感情交往,不断强化单位意识,增强内聚力和对单位的依赖,而且还间接刺激生产积极性。因此,"工会不是作为一个对抗性的政治监督组织,而是作为一种被整合进行政系统内的协调性助理而工作",工会将自己的实际权力严格限定在政治之外,主要是减轻压力、安抚职工,而不是谋求参与和影响力(张静,2001b:163-198)。

其次从工会的职能运作或功能实现上来说,工会的一个重要职能就是组织职代会,而在组织过程中,工会通过代表资格限制(工会总是试图将代表局限在企业干部群体,让职代会代表限制在企业中层精英范围)、提案或议案限制(多数情况下行政方面提出的提案是职代会讨论的主要议案,由代表自发提出的则多数归类为"意见")、会议程序限制(什么事情用什么方式表决,什么事情在什么代表范围内讨论,什么事情采用什么程序等)等方式,一方面尽量使得企业行政方的意图能够获得程序上的通过,从而具有合法性,另一方面也将职工的要求进行筛选,然后有选择性地实现,争取使得职工获得基本的满意,当然其前提是不能让行政为难。所以,企业工会干部最关心的与其说是通过对职工有利或职工所希望的方案,不如说是在稳定的大前提下促成方案。因此,企业工会全部工作是将广大职工整合到体制中去,这样,工会成为企业行政的"助手",所以在管理者与职工间出现分歧时,工会并不是向上施加压力,而是传达信息,调停两边,以达成一致，其工作更多的是向下进行解释说明，"做思想政治工作"（张静，2001b：78-94）。

所以，在张静看来企业工会的运作是一种法团主义模式：工会作为一种社会团体，它的社会位置是中介性的，其角色不应当是利益对抗式的，而应当是利益协调式的。工会需要代表其成员利益，它有责任将他们的利益诉求传达到决策体制中去，工会同时还负有公共责任，即它应当管理并约束其成员的活动，提高其理性化和组织化水平。

(3) 员工参与和企业管理。

企业工会提供了一种员工参与的重要的制度化渠道，不管是组织福利活动、动员员工投入生产、组织员工参与企业文化建设，还是组织员工参与制定或讨论企业有关自身利益的规章制度，以及参与讨论企业的生产经营规划等，都是员工参与的重要形式。我们也强调，员工参与是组织团结过程中的关键环节。如果没有员工的积极主动参与，那么组织团结就只是一种强制或强迫下的整合，而不具备真正的内聚力和抵抗力，在出现危机时，组织则容易瓦解。此处，我们将从企业组织的角度来考察有关员工参与方面的研究文献。

一般认为，员工参与企业管理的理论基础有利益相关者理论、人力资本产权理论和经济民主理论（宋红梅，2006）。利益相关者和人力资本产权（劳动产权）理论都强调了一点，即风险共担，利润也应共享，从而企业的控制权也就需要由劳资双方分享（王向前，2004；王珏，2004；李惠斌，2004）。也有从参与所能带来的效果来说明参与的重要意义的，比如强调员工参与能提高工人的劳动效率和生产率（陈美霞，2005）；在道德伦理上满足人们对创造力、成就、社会赞同等需要，从而提高员工对企业的归属感和认同感（戴春，2004；苏晓红、侯朝轩，2004）；还有研究对青年员工参与意识的调查发现，目前私营企业中的年轻劳动力开始注重寻找自己的位置，强调个人价值,他们希望自己所在企业能有长足发展,从而自己也能得到发展(刘晴、简洁,2005),因此参与是员工自我实现的重要激励因素,从而达成劳动关系双方的双赢(金莹、李志、唐孝云,2004);还有研究针对中小私营企业的发展容易存在的诸如任人唯亲、家族专权或劳动关系紧张等问题,指出其中的根源在于企业的"排他性",而解决的办法就是给员工更多参与企业管理的权利和机会(刘晴、赵健杰、何布峰、吕吉凤,2004)。

从企业组织的角度来说,员工参与也是现代企业制度所必需的。常凯(1994)就强调,现代企业制度不仅要具有产权明晰、责权明确和管理科学的产权制度和企业法人制度,而且还要具有规范的劳动关系制度,而且后者直接制约和影响企业的运行与效益,而规范劳动关系制度的建立,就必须有员工的积极参与。但问题的关键在于,目前有关公司治理的内部结构设计中,通常只有资方"所有权"的派生形式,而缺乏劳方的利益诉求、影响和平衡机制。但是,从对企业的关注度、承担的风险等方面来看,劳方作为公司治理结构中的被影响因素,并不亚于资方。只是因为目前关于公司治理的主流观点的理论表述通常以产权分析作为起点,从而纠缠于企业的经营权和所有权之间的制衡或失衡问题上的讨论,这样,员工及员工参与(尤其是工会参与)被排斥在治理结构之外(谢敏,2006;陆一,2005)[①]。与之形成对比的是,目前西方国家公司治理结构改革与创新的一大趋势就是开始注重员工以不同形式参与公司治理,比如欧洲的员工参与共决制;日本企业员工通过企业内工会、终身雇佣制和年功序列制参与企业治理进而与企业形成了一种长期稳定的合作关系;美英企业员工依靠工

---

① 实际上,目前有关"新老三会"之间的关系的讨论(李兆熙,1999;卞国福,1995),也表明我国企业治理模式上存在着矛盾和问题,特别是"新三会"对"老三会"在一定程度上的排斥,就表明,员工民主参与企业管理这种传统已经在经历着危机。

会的力量进行集体谈判，以及近年来比较流行的员工持股计划（楚金桥、李建华，2004；胡寒军、郭娅娟，2005）。

至于参与能够给企业组织带来哪些具体的积极效果，有不少研究从不同方面给出了各方阐述。比如，有研究者认为通过企业各方利益相关者代表参与企业经营决策，可以将各方意志与利益贯穿决策全过程，以便在博弈中产生均衡，矫正企业治理结构失衡问题（黄兴年，2005）；也有的认为员工参与不仅能带来积极的企业治理效果，从而提高企业的经营绩效，而且也能提高员工的满意度和归属感（梁雄军，2004）；还有的强调员工参与能够帮助抑制经营者阶层对公司业务信息的垄断，从而帮助降低股东对经营者的监督成本，这样可以在企业治理结构中建立起一种制衡体系，因为员工对企业生产经营的信息了解充分（祁华清，2005）；此外还有针对目前员工权益受损、劳资关系紧张等问题提出员工参与能够帮助解决或缓解这些问题（宋红梅，2006）。还有研究者从参与的形式来进行考察，如朱晓阳、陈佩华（2005）考察了员工参与选举领导的意义，指出，我们不可以简单地以有多少领导是被选掉或有多少票反对成功的候选人来看待这个过程，关键在于这是能够将问题从基层提出并向上层反映以引起其注意的机制。

还有一些研究则关注员工参与的渠道以及影响因素。比如有研究指出，在领导层面应该转变观念，制度层面应该设置出可能的参与渠道，同时培养员工的参与意识，并引导其参与行为（金莹、李志、唐孝云，2004）；员工参与企业战略决策的水平受到对企业战略形成方式的认知和所处组织层级的影响，而不受在企业工作年限长短和所属部门类型的影响（李玉刚、胡君莲，2006）；有调查发现，工作回报和组织环境是影响员工参与的显著因素，因为前者直接影响到员工的工作满意度（朱庆华、王冬岩，2005）；有研究则从国企改革问题出发，指出公司权力结构的转变，使得员工参与意识弱化，因此需要重新激励员工参与，这就需要提供各种可能参与管理的渠道，比如自上而下的，可以采取定期向员工或代表实行企务公开、财务公开，并定期举行经济分析会，让员工及时了解企业的各项费用开支、重大生产经营活动和经济状况，坚持定期的总经理接待日，保障领导与员工能面对面的交流等；自下而上的可以采取投诉建议渠道，通过职工董事、职工监事和职代会参与公司的重大决议、经营管理、人事变动等讨论、研究和评估等（吕天奇，2003）；当然也有研究指出了员工参与的限度问题，认为，在我国现阶段，员工参与企业民主管理并不能采取共决制的方式，而应该先鼓励"草根民主"，倡导建立职工、工会参与企业民主管理制度，然后在此基础上，逐步去推动由企业、劳动者、工会自觉自愿的参与共决制（金英杰，2006）。

3. 小结

综合前面考察的有关社会团结或群体凝聚的研究，我们认为，从组织的层面上看，组织团结是建立在三个维度之上的，即组织内的人际的吸引、功能的依赖和价值的规范。而这三个维度的实现，是需要通过不同的社会过程和制度规范来达成的，体现在企业组织中就有了不同的制度规定和安排。不过，正如已有研究指出的那样，在考察组织团结时，最根本的着眼点，并不单在于组织本身的制度规定，而是要考察这些内在的或外在的规定真正反映在每个组织成员身上的具体效果。也就是说，组织团结作为一种组织属性，在分析上不能简单化约到个体层面，但是在组织效果上，可以通过其成员的感受得以反映或测量出来。因而，我们需要考察的是，这些制度和安排所带来的成员个体利益的满足、情感的归属和价值的认同，也就是组织成员围绕集体意识和情感、组织制度以及自我指涉和社会关系等三个方面所表达出来的自身的主观态度、认识以及由此引发的判断（李汉林、渠敬东、夏传玲、陈华珊，2006：28）。另外，由于我们所关心的是组织团结的社会过程，以便能建立组织团结的模型，所以在本书中，我们主要是围绕企业员工的满意度、认同感以及企业组织内部的集体情感和共识的产生过程展开的。

不过我们一再强调，利益确实是成员满意度的重要影响因素，特别是在企业这样一种经济组织中更是如此。在前面的文献梳理中我们也指出，不能预先设定一种利益明确的、理性的个体，然后只考察个体在组织中进行的成本—收益权衡或彼此间的博弈，这种预设是存在问题的，因为个体的自我意识结构是要放在具体的情境下、具体的规章制度下、具体的社会过程中来明确界定的，而且在企业组织中，也不仅仅是一种经济效益的逻辑，而是有着诸多的情感的、价值的因素融在其中，而我们就得去考察组织层面如何建立起内部的集体情感和共识，并不断地强化它们，以及考察它们又是如何在个体层面表现出一种满意感和认同感的。

既然要考察这种具体的过程，那么我们就必须在企业组织中找到一个特定的切入点，看企业组织是如何调动员工参与和投入的。在本书中，我们选择的切入点就是企业工会在企业组织中的具体运作和职能，以及由其进一步引出的员工参与问题。

在现有的关于企业工会与员工参与方面的诸多研究中，已经有不少研究或直接或间接地与我们所要考察的组织团结相关联了，即已经讨论了企业组织中员工的满意度和认同感问题、组织内部的共识问题等。其中非常主要的一个关注点就是组织员工参与企业规章制度的制定或讨论，这样提高制度的合法性和合理性，容易在组织中产生基本共识；而且这也能将分散化的利益诉求进行集中，并通过制度化渠道得到表达，这样容易产生出双方共同认可的规则，并有助于协调利益矛盾。还有较多研究关注的是员工个体层面的满意度问题，包括组织各种保护员工切身利益的工作（比如卫生健康和劳动安全保护，帮助组织员工参与培训以提高员工自身的人力资本价值等）。也有研究指出工会组织员工参与企业文化建设、组建"职工之家"等类似的活动，以提高员工的归属感和集体情感。此外，更有研究还特别强调了通过动员员工参与来帮助企业治理走向良性化，特别是帮助在企业内部建立一种权利平衡（制衡）体系；等等。而且在运作方式上，企业工会注重同企业的行政（及党）相互辅助和支持，以不同的方式协调劳动关系，确立一种以企业的经营发展为中心的、双方共赢的组织状态。这些都将构成我们接下来的研究所要重点关注的方面。

三 研究方法和资料来源

本书采用的是定性研究方法，主要是通过对不同企业的各层级人员进行访谈来收集资料。具体调研工作是，课题组首先在2005年10~12月分别在上海市、浙江省某县、天津市开发园区进行了第一阶段的调研，先后对20多个单位，其中包括各种所有制类型的企业和公司、1个县级政府机构和3个市、县、区工会进行了调查，主要是采用个案访谈的方式进行，调查对象涉及企业总裁、董事长、总经理、部门经理、人力资源部总监、党委书记、企业工会主席、县工会主席和普通员工。2006年11月中下旬，课题组又前往辽宁省某大型集团公司进行了8天的调研，在总公司层面，对总经理、副总经理、企业工会副主席、工资处处长等进行了个案访谈。同时，还分别选取了两个分公司进行进一步的调研，在分公司，分别找了分管生产经营的负责人、工会主席、人事处负责人等，或者采取个人访谈的方式，或者采用座谈的方式；还专门组织了两场员工的座谈会，共邀请了该集团公司几个下属分公司或厂矿的 12 名员工。此外，我们还去该集团公司的离退休人员管理中心以及集体企业管理局进行调研，对企业所承担的一些社会责任有了初步了解。2007 年 1 月，我们又去了浙江省某市，对两个私营企业进行了调研，同时也对该市工会副主席以及一位有 30 年工会工作经验的工作人员进行了访谈，此外，还在劳动力市场随机邀请了一些员工进行了一场座谈会。本文所使用的材料，基本都来自根据课题组访谈录音整理出来的资料。

第二章
企业工会的功能及其运作：
经验调查的结果

在上一章的文献梳理中，我们已经对企业工会工作有了一个大概的印象，同时也基本了解到，企业工会扮演了一种不同于企业行政的角色，以一种不同于企业行政的工作方式发挥着其特殊的职能。这些职能对于促进企业成员对企业组织的认同、归属和承诺，促进企业成员认可和接纳企业的规章制度，进而形成一种内在的集体情感，具有积极作用。而这些有助于提高企业组织的内部凝聚和社会整合，正是本书所要阐述的主要观点，即企业工会的独特职能及其运作有助于促成企业组织团结。对于其中的社会过程和具体运作方式，则需要我们在原有的研究基础上进行细致的梳理和推进，以形成一个相对完整的企业组织团结图像。本章即是对我们经验调查的材料进行分析，以丰富我们对企业工会工作的认识，继而提炼出一些概念来帮助我们理解企业工会给企业组织带来的功能。

在下面的分析中，我们按所有制类型对企业进行简单的分类，不同所有制类型企业中的工会地位和职能可能会有很大差异，比如在工会的设置上，通常国有企业都设有工会，而目前工会组建工作重点和难点就在非公企业中，所以我们需要考察不同所有制企业中工会工作的各自特点和运作方式,希望能从中找出共性,提出我们的概念和命题。出于分析的方便,我们将所调查的企业大致分为三类:私营企业、合资企业和国有企业。

一 私营企业中的企业工会工作

我们首先对课题组调查的几家私营企业进行简单介绍,然后整理出私营企业工会的职能及其运作的研究综述。需要说明的是,正因为我们是对几家私营企业工会的工作进行了综合整理,所以下面有关企业工会职能及其运作的分析是概括性的,并不是所有私营企业中的工会都是如此,而实际上可能会有所选择地履行或者偏向某些职能。而且在不同私营企业中,考虑到企业的背景、行业、员工构成、规模结构、企业主个人特性等不同,不同的私营企业工会在企业结构中的地位和实际职能是存在很大区别的。在有的私营企业中,原本是工会的职能可能交由其他部门来执行。所以,我们在前面强调的是工会的职能(功能)对于企业组织的意义,而不是工会本身对于企业组织的意义,因此我们在分析中,更多的是注重这部分功能及其运作[①]。

本节中我们主要采用对三个私营企业工会的调查材料,偶尔用到一些其他企业的材料时我们会另做说明。其中有两个是浙江省某县的企业,而且都是经过改制后成为私营企业的。NL 企业主要生产机械设备,有 15 个股东(据我们的调查,大部分股东现在对企业基本没有实际控制权,现任董事长兼总经理占主导地位),目前员工 1000 多人。

---

① 实际上在课题组调查的企业尤其是私营企业中,很多工会工作是由其他职能部门来做的。比如下面要用到的对 NL 企业的资料中,被调查的那位人力资源部主任 NLY 就认为,她所在企业的工会实际上形同虚设,而自己所从事的工作,如果放在国企,那么都是工会应该做的事情。而且事实上,正如她自己所说,她不仅做了很多工会的事,而且对于目前工会在做的事,她也积极参与配合。

该企业是从国有企业改制过来的，员工队伍基本上年轻化，一般都在18～28岁，年长点的职工都是老企业延续下来的（约占20%），40%的员工从事体力劳动，60%的员工属技术工人。我们对其总经理进行了访谈，同时也对其人力资源部主任（兼任办公室主任和总经理助理）NLY进行了访谈，主要采用了NLY提供的资料。需要说明的是，NLY原来在河南省一家非常知名的国有大型企业从事了20多年的人事方面的工作，退休后被聘用到了现在的这家私营企业。她在知青"下乡"返城后就进厂做了6年的车工，3年车间主任，5年检查科科长，后来在厂办当主任将近3年，退休前到企业管理办公室，是做企业总体管理规划的。目前该私营企业的一些规章制度是她主持制定的，而且通常都是参照原来国有企业的做法。

HX企业是一家私营的纺织印染公司，该企业由集体企业改制而来，现在的股份构成上，董事长兼总经理占60%，其妻子和姐夫各占10%，两个副总各有10%的干股。该公司的产品基本上销往国外，不过目前其国外市场的开拓还没有遇到SA8000的社会责任认证问题，该企业中的材料来自我们对其总经理HXD的访谈。

还有一家是位于上海的高新技术企业JSJ，主要从事新型材料的自主研发和销售，公司300多人，人员构成上销售人员约占35%，研发人员约占30%。我们的访谈对象是公司副总裁JSJT，据其自我介绍，他是中国第一批MBA毕业生，对于企业管理有着自己一整套的理念，曾与国内多位非常知名的企业老总合作过。此外，我们还访谈了其人力资源部经理（JSJC）和总裁办经理与俱乐部秘书（JSJS）。

我们可以总结出以下私营企业工会的功能及其运作。

1. 各种福利生活方面的职能

人们对于工会的理解基本上首先想到的就是各种福利职能，包括发放福利品、组织文体娱乐活动、组织帮扶互助，而且也正因此，工会往往被人们等同于企业的福利部门。在私营企业中也是如此，就像HXD所说的，在他的企业里，工会就是搞各种活动和福利，这些事都是让工会来做。他还给我们列举了一系列由工会组织的福利活动，比如旅游、职工家有重大事情时的帮扶（比如建房子、疾病、死亡、生小孩、小孩读书或者上大学）、通勤服务、食堂伙食改善等，都由工会负责出面协调解决，包括组织一些募捐活动。"我们一般的活动都放在工会里面，福利啊什么的，都是好事情，有麻烦的事情找工会。"

在企业 NL 中，NLY 认为，他们公司一个非常像传统国企的做法，就是在职工福利上。她这样描述她的老总和老总的做法：

> 他还没有甩掉国企的，最像的就是职工福利。转为私企以后谁还管员工的福利，逢年过节我们就发东西，我们周边的企业没有的。中秋节的时候每人发一箱啤酒、一箱梨。十一前每人又发一箱苹果。1000 多人，这种费用很大的。还有降温费。我们过年每人两桶油，一箱苹果，一箱柑橘，而且年年都有年终奖。中层干部以上是老总发，叫红包，大小由他定。底下职工每人都是 900 块钱，1000 人，全部人员都有，打扫卫生的都有，都是 900，去年是 800。去年老总说人也这么多了，开一个高管层会议让大家讨论今年发不发，有人说不发，这么多人发不起，他不同意，说，哪怕我少发，也得发。去年我们经历反倾销，所以去年效益跟前年比不太好，当时反倾销案子也没结，也不知道胜诉还是败诉，大家就说今年多灾多难，产量也没有前年大，发点东西算了，年终奖别发了。最后他说，我不想让全体员工的心凉，少发一点。大家讨论说，发 600 吧，六六顺。他说，让我考虑

一下。最后他自己定的，他说，要顺利，也要我们发展顺利嘛，结果发了800。

NLY还曾组织一些职工的文娱体育活动，比如她曾组织了一次全公司人员参加的大型运动会，这在员工当中得到积极的响应和欢迎。从她所接受到的反馈来说，员工也是很希望参加这种活动的，能通过这种活动找到融入集体的感觉。

> 职工的文体活动、体育活动，去年以前基本上没有，我今年到办公室以后，这些我都要逐步地跟上。4月底组织了一次全公司人员参加的大型运动会，上个月底又组织了一个全公司的文娱活动，独唱、合唱、猜谜什么的，我觉得总要慢慢地把大家的主人翁精神调动起来。只是我自己，影响力也不是很大，但是从员工中已经反映出大家还是挺开心的，非常愿意，而且运动、活动过去十天半月他们还在议论，看到我在现场就说：我们下次什么时候再搞这样的活动？证明大家还是很在意，也能很好地融入这个集体中来，就是没有人去牵头组织。

2. 组织职工代表大会和参与规章制度的制定

工会是职工代表大会（简称职代会）的日常工作机构，负责职代会闭会期间的日常工作，同时也负责组织职代会的召开，对于职代会的决议，则负有执行和监督的职责。在HXD看来，需要通过组织职代会，让公司的发展计划和目标为职工所了解，这也是为了让职工能理解和参与，从而发挥一种信息传递或桥梁纽带作用。

职工代表会议每年两次，年初一次，到六月底一次。总结前面，还有一个，下一步打算，做一个汇报。主要行政领导再加上几个职工代表，一般这个方面都是，表扬得多，批评得少，还有是大道理比较多，什么目标、计划，什么我们发展的思路。这个一定要有，这个是民主集中制啊，你老板在想什么，不可能每天都去跟下面沟通啊，就是说通过这次会议，传达这个问题。

不过，对于设立了职代会的企业来说，企业一些重要的规章制度，特别是与员工切身利益相关的制度，通常是需要由职代会来通过。而这个工作也主要是由企业工会来负责组织。毕竟，规章制度能否得到组织成员的认可和接纳，直接影响到制度能否得到有效实施。而职工对其是否承认和接纳，其前提就是职工能否参与讨论和表达，从而提升其合法性。这种组织职工参与有关其切身利益的规章制度的制定活动，正是工会的一个重要职能。而且这本身也提供了一个让劳动关系双方进行协商的平台，为达成一个基本一致的认识提供了机会。HXD告诉我们，那些有关职工切身利益的制度规章是需要经过职工参与讨论才能实施的，否则就根本无法试行，或者强制推行，也不会有好的效果。比如他就以职工的出勤和假期制度为例，即每月的假期的天数，以及如果请假的天数超过期限后又如何扣除工资等问题的规定，这些需要组织车间主任与职工代表进行座谈会，并进行试行后，才开始正式执行。

一般是车间主任跟下面（开）座谈会，座谈个四次五次，试行。试行个两个月，成功，就执行，都是这样的，一般都是试行、执行。都是要讨论的，讨论得充分，假如说我们请假，百分之二，他说我们不行，我们要百分之三，假如百分之三，一台机子要四个人，你经常是百分之三，那我是不是要增加一个人，那么你们每个人产量就不高了，这怎么办？因为他们计件的嘛。他们就想，哦，是百分之二，因为有的时候生病，有的时候什么红白喜事，这样的，就想得通了，就同意了，这个字（就）签下去了。（座谈会）也不是每个人参加，每个人参加，是永远没结论了，只能（派）代表。（代表人选上）不是我们定，他们下面推出来的。我是专门安排一个大学生，就是他专门搞这种烦琐的事情。我还给他一个特殊权力，不管什么时候，不管什么官员，你如果为了你讨论的需要，你任何时候都可以组织会议。因为一个新的政策出台，不是那么简单，肯定要讨论，如果你出来那个政策讨论不全面的话，反而有反作用。

实际上，职工参与规章制度的制定，并不必然意味着这些制度就会发生更改。同样以休假制度为例，在找职工讨论之前，HXD已经决定就是定2%的假期，然后找职工讨论，讨论后实际上还是原来设定的方案，即仍然是2%的假期。通过这样一种参与平台，让职工认识到这种规章制度恰恰是对他们有利的。反过来，如果没有让他们参加讨论，老总一人说就按照3%的假期来算，那么职工反倒还会认为这完全是不合理的。所以，参与本身是一种沟通和交流，既可以自下而上地进行信息传递，也可以自上而下地进行说服和引导，以此保证制度的合法性。对于同样的结果，参与还是不参与，也许在员工当中引发出来的是不同的反应。

3. 应对外在制度和规范的要求

不管是出于《工会法》《劳动法》所提出的规范性要求，还是因为中国单位制传统在人们头脑中遗留下来的观念影响，似乎在企业内部就应该设立工会这样一个部门。企业工会是企业组织的一个组成部分，因而被看作一种制度化的结果。它能为企业获取一定的社会合法性，对外可以帮助企业争取一些对口的资源，对内可以帮助企业强化其动员能力。我们以调查的浙江省某县为例。

社会期望一方面是来自政府部门的制度设置，比如该县组织部在党建方面，针对上规模的非公有制企业设置了"职工五星级之家"的评比，其中的核心内容就是劳动关系的协调和改善职工在企业中的待遇及工作生活条件等。HXD告诉我们：

> 职工代表大会啊，这个有的，因为我们是"职工五星级之家"嘛，这个作为硬性考核的。我上面台球啊，图书馆，都有的。这一点有个评比的，你通过多少活动了，你这个节日，你要加班，是不是工会同意，你联名签字没有，你这个发放工资怎么样，福利待遇怎么样，中秋节，我们加餐了没有，是不是有发这个福利，还有高温季节，那要考核的，复评的，验收的。

还有如"文明单位""诚信单位""卫生企业"等头衔，按照当地政府的标准，企业内部如果发生劳资冲突，那么企业必须尽量在企业内部采取协商的方式解决，如果提交劳动仲裁或法院裁决，那么企业就不能获得"文明单位"称号，这直接影响到企业在市场上的声誉。而对于企业内部的治理来说，这必然会促使企业主动改善安全卫生和劳动保护等条件和设施，并尽量去协调劳资关系，平衡双方利益。

设立工会，可以帮助企业获取这些"职工五星级之家""文明单位"等头衔。这些表面上看似形式化的头衔，在HXD看来却具有非常重要的意义，可以帮助企业去争取外部资源。

（劳资纠纷）我们是半年处理一次，像我们是一年至少有二十起劳资纠纷，主要是大大小小的工伤。专门有个人负责，专门处理，这一块要求很高。特别是过年的时候，你电视里面一打开，都是这个。再说政府对我们企业也是一种考核，假如说有发生劳动纠纷，一旦你有，像"文明单位"，要八个部门签字，你有劳动纠纷的，（如果）自己经过座谈协调后，就是大家不告你，没有档案的，这个劳动纠纷是正常的，假如你通过法律劳动仲裁，那就不可能给你评上"文明单位"，不管你劳动仲裁怎么样，这是无形的剑。你不做也可以啊，你无所谓都可以的，像我们（是）省"诚信单位"，那是我们县唯一一个，这压力很大的。你说，我两个企业，你有什么诚信企业，文明单位，规模我跟你相当，我怎么没有？我纳税什么都跟你一样，我纳税纳得少，我没办法，我们都要这样做，像品牌效应。

企业工会也能帮助企业提高其动员和组织能力，同时能够将国家法律法规所规定的责任和要求进行合理的变通应用，这样也可以间接地为企业的生产提供帮助。比如，HXD举了在节假日加班的例子，从国家的角度来说，设立有关政策是为了能让职工的一些合法利益得到保障，同时国家希望通过工会的设立来平衡企业主，对其进行适当的限制。而企业主则组织工会进行动员，并让工会主席来帮助自己免除可能遇到的诉讼问题。

你老板专门为了赚钱，社会利益什么都不去顾了，那工会就限制你，提出反抗、抗议，国庆节你给我加班，没给我三倍的工资什么的。但（目前）我们可以变通，我有这种意识，因为你要到劳动部门去告我的话，我一定扳不倒你。那我要加班，我就跟工会主席（商量），要么工会自己做好，或者我要他出公告出来。近期，由于我们外贸单子比较急，国庆节日希望大家加班，先把它宣传一下，再找几个代表签一下字，为了公司的利益，我们是公司的主人。对吧，再鼓励一下，事后奖励一下（这是工会说的，不是我说的）。但是意思有可能是我（的）啊。一定这么做的，有档案存着，到别人告你的时候，他是个人的意见，我们有大部分职工是自愿的，他是个人的问题，这是一个依据。现在我们的企业，就是追求利益最大化嘛，那政府的职能就是，让你追求利益最大化，但要平衡社会，要和谐社会，你不要把这个社会搞得不平衡啊。我个人认为工会啊，就是对我们管理者和老板来说，是敲警钟。

社会期望另一方面是来自市场或社会环境的要求，最主要的比如ISO质量认证制度、环境认证制度以及SA8000社会责任认证制度，还包括一些企业之间进行的二方认证，等等。特别是社会责任认证和二方认证制度中，有的就专门要求建立企业工会以及要求企业工会参与协调劳动关系。在认证方看来，尽管企业内部的劳动关系是属于企业自己的内部事务，但是他们认为这会直接影响到企业产品的质量问题，当然还包括认证方自己的社会声誉等问题[①]，所以要对此进行干涉。反过来看，企业工会的设立以及开展一些适当的活动，也是为了帮助企业去应对这些外部的制度要求。

4. 协助企业行政处理非生产经营方面的事务

其实前面讨论的组织福利生活和应对各种外部认证制度等事务，

---

① 可以参见余晓敏（2006）对这方面的相关问题进行的详细梳理。

都是与企业的生产经营没有直接联系的，我们可以称之为非生产经营事务。但这并不意味着它们对企业没有意义。以后者为例，像"文明单位""卫生单位"，还包括消防等问题，这些事务在被调查者HXD看来，是企业发展到一定基础之后，进一步持续和健康发展的必要动力和支柱，即这些表面上看是外在的强制性要求，而且与企业的生产经营没有多少直接的联系，但是对于企业组织来说，这些要求也构成了企业组织本身所必备的功能要求。也许在企业组织发展初期，或者所谓企业的"原始积累"时期，企业关注点基本全部集中在资本的快速增值和积累。在这个时期，整个企业的治理问题被生产经营问题所"遮蔽"。

但是正如HXD所说，这些外在的强制性认证制度，其实也更多的是提醒和预警作用，让那些希望能有持续发展的企业意识到自身可能存在的诸多治理问题，而不是简单地只考虑生产经营问题，并采取一种主动的、积极的视角来理解这些认证制度。以他举的例子来说，企业社会责任认证中强调不能录用童工，这种要求会提高企业的劳动力成本，但是换一个角度来理解，这可以帮助他们避免童工的不成熟和劳动力素质不高可能带来的次品问题。这是一种间接收益，这种类似的推理可以推广到有关劳动保护、安全卫生、劳资纠纷等问题上。当然，这种角度也可以推论到企业组织中工会组织的设置上。表面上，工会的设立会损耗企业的一些经济效益，从而被企业（主）排斥或者在不得不建工会的情形下，尽量使其形式化。但是换一个角度，工会作为一种治理或管理方式引入企业组织中，可以帮助企业解决员工的工作、生活、学习等各种"麻烦""琐碎"的事务，进而降低企业组织生产经营中的潜在风险和潜在成本，间接帮助企业提高效益。正如HXD所说：

那个ISO14000、ISO9000、SA8000，对我们来说，企业发展到一定基础，这是动力啊，支柱，最主要的是叫你去把你的公司的制度要健全，不是对我们不利。像我们必须中间要有个水池，并不是美观用的，就是到应急的时候，没有水的时候。还有消防通道，我们有电梯就没有人走的楼梯，一旦火灾（发生）了以后，你说这个电梯还能运作吗？这都是一种潜在的东西，它存在潜在的隐患，如果把存在的问题挖出来，也是种效益。再就是像安全，你假如出个安全事故，死了一个人的话，你说能正常工作？你下面职工安心工作吗？所以说这个SA8000社会责任啊，其实是很重要的，所以说，我们不收童工。童工因为他还是小孩，还没成熟，你叫他这样做，他偏给你那样做，就容易产生次品，给你造成不必要的损失，我是从这个方面去理解，并不是我这个童工用了以后啊，我倒霉啊什么，我被抓住了。还有呢，既然是童工，他的一些教育素质没达到，也对产品有影响……像我们安全示范啊，义务消防队，也是工会组织的，就是说，叫你不多花一点钱，给你防范意识，工会就是除了你正常的直接生产费用，它给你消耗一点间接费用，但是这也是一种效益。你像安全问题，你这里出了一个安全事故（但工会的工作是防范它发生），你说不是效益吗？

实际上，这些"琐碎""麻烦"的事务，在NLY看来就应该由工会来做。一方面，这通常是企业行政根本没有精力去跟进和解决的，因为这些工作不仅跟生产经营没有直接联系，而且这些事务还必须非常具体地、细致地去做，且不能程序化地处理，而需要根据个别情况分别处理；另一方面，工会能够比较灵活地处理这些问题，因为它扮演的是一种协助行政的中介角色，负责处理职工的内部问题，而且它也不直接参与生产经营,因而在事务处理上比较便利。而 NLY 的抱怨就是,自己恰恰同时扮演了行政和工会两方面的角色,一方面自己希望能不断给每个员工一个满意的答复,这样才能提高自己的工作威信,另一方面因为自己作为行政管理者,没法处理这些问题,往往容易挫伤员工积极性和信赖感,导致恶性循环。所以她特别强调了行政与工会在这些问题上的一定程度的分工和配合。

5. 信息沟通与交流

其实,职代会就是一种信息沟通与交流的重要渠道,但是这个重要渠道并不是一种日常渠道,而且职代会更多是上情下达,或者为某些制度的推行争取合法性;另外,前面所说的工会组织参与规章制度的制定方面,也是一种信息沟通的渠道,不过这也是比较少见的情形,对于日常事务的沟通发挥不了显著作用。所以,需要有一些日常的渠道来进行信息的沟通和交流,特别是解决下情上传的问题。

NLY 根据其在国有企业的经验,在 NL 企业设立了员工接待日,并定期组织召开座谈会。前者是每月专设一天,由她自己亲自接待员工,让员工反映从个人到公司的问题,以收集各方面的信息,尽量帮助解决员工面临的各种问题。后者则是半年组织一次比较大型的会议,让员工反映一些问题。因为企业是从国企改制过来的,所以这个会议她去公司之前就有,她去了之后使其更规范,而且让老总对此更重视,基本每次老总都参加。之所以要设置这些制度,就是需要在上下之间建立一种不同于一般企业行政系统的更直接的联系,使得信息的上传下达路线更多一些,而且这些问题往往是企业行政系统的正常工作范围之外的,这些琐碎的工作会影响到车间正常的生产计划的完成。用她的话来说,车间主任只是关心自己车间的产量和质量,其他的事，他们根本没有工夫去管，也不想去管。比如员工可能反映车间设备存在问题需要检修，但因为这可能影响到车间的生产计划，所以车间主任通常不予以理睬，或者员工反映一些关于劳动保护和安全生产问题，车间主任或相关部门不予解决，这样员工可以通过员工接待日或座谈会等方式直接反映到上层。

  我（NLY）从今年元月份开始就制定了员工接待日，每个月一天，是我专职接待。我们现在两个厂，新厂是10号，老厂5号。一整天我都会在一楼的会议室里等待大家来反映情况。3月份开始，我又在厂里增设了10个建议箱，新厂、老厂（都有），3天、5天，最晚一周我就要全部开启一遍，收集一些信息。这个工作开展很见效，大家来反映公司的情况的，解决个人问题的，都有。一个是劳保用品方面；再一个呢，包括我们的中层干部有些工作方法不太得当；再一个就是工作程序不太规范的地方，他们感觉操作起来不得心应手，受委屈比较多；还有安全方面有隐患，反映给设备科或者生产部，得不到他们回应的时候，他们会反映的。每一条信息我都会落实到人，他跟我反映的，我最后要落实到他，就做得这么仔细。老总在这方面是比较好的。我每一个月，每一条都打印好，再空几行让他做批示，他每一条都做批示，然后我再反馈去落实，基本上只要他们能反映上来我们都能给他们落实。总装有一个员工5月份反映他爱人要生孩子，家里经济比较困难，他说能不能借2000块钱。他自己来找我，那天正好是接待日，作为一个问题我反映给老总，老总马上批示，于是就借给他2000块钱。像这样的问题挺多。

  我觉得私企，如果（员工）愿意说话，更应该设立这个接待日，总经理嘛，总是在高处，很多基层的东西他不知道。再一个想法，我们这里的中层干部素质太差，太坏了，我可以用这个字来说他们，工人在他们那里一点都得不到，不要说安慰了，就是说有天大的难，车间主任也不会对你好，和颜悦色地去跟你沟通。现在我们公司是这样，其实高层都挺好的，最大的弊病就是中层。我想他们这种做法，工人对他们不敢说实话。那么跨过他们来跟我说实话，我自我感觉，我经常在底下跟工人沟通，他们有的还挺愿意跟我说实话，办公室也应该有这个责任，所以我就设立了员工接待日。

简言之，这种接待日或者座谈会，就是在行政系统的信息传递渠道旁边再增加一条更为直接的联系上下层的信息传递渠道，而且这种渠道所能通行或容纳的信息更为广泛，从私人的生活困难到企业的生产操作问题以及安全问题，还可针对行政管理作风弊端等。这在一定程度上既能解决个人的生活问题，也能解决企业的一些生产经营和管理问题。这实际上可以说是对官僚制模式中的信息流通问题进行了一个弥补。

对于这种信息渠道的多元化的重要性，我们也可以在JSJ公司中看到，该公司一方面有一整套的正式组织结构和制度模式，另一方面还组建了员工俱乐部等。这些是一套非正式的社会关系组织模式，而且在这些非正式的组织模式中，正式组织结构中的上下级关系甚至被颠倒过来，再加上一个企业中存在多种组织模式，所以，员工有时会有多重身份。以员工俱乐部为例，内部分为后勤保障部、综艺时尚部和体育竞技部，也许研发中心的某个主任，在体育竞技部只是一个成员，另外，他也可能是公司报纸编辑部的通讯员，等等。公司组织各种活动，老总和高级管理层都是作为普通参与者参加活动。这样，公司内部之间的信息沟通和交流模式就比较多样化，不同的信息和要求可以通过不同的渠道得到表达和反映。比如，一些关系到员工自身权益的事情，通过正式的行政渠道或许不方便表达，但通过非正式的途径则可以向上反映。而且公司也特意会设置一些非正式的方式来了解员工的想法和要求，比如他们设置了一个定期的"茶文化交流"，让不同岗位的人放松去交流。

6. 协调行政之间的矛盾

官僚制模式中，可能存在一种行政与行政之间的结构性矛盾。一方面，整个行政系统是一个统一指挥和协调的生产经营系统，但另一方面，每个部门都有自己一定的独立特性，并有其自身的部门利益。比如，不同的生产车间之间可能存在原料供给、产品类型、生产任务等冲突；不同的职能部门（比如产供销）之间也可能存在矛盾，这些矛盾有时通过行政部门内部的协调可以得到解决，但有时，似乎通过工会来协调，会变得更容易一些或更方便一些。在这个意义上，工会发挥着"润滑剂"的作用，在不同的行政部门的"刚性"结构之间进行"润滑"，让整个行政系统运行得更为流畅。NLY就跟我们说到这种情况，她告诉我们，虽然每周一、三、五会召开全体车间主任的调度会，但是在这个会议上，大家只是简单说些生产和质量上的事情，很少出现什么不满或意见，更多的时候，那些车间主任会把不满向NLY反映。

> 他们有什么不满还是跟我说得多。比方说对工资不满，这个车间主任对哪个车间主任不满，或者对哪个副总不满，会跟我说。我会马上去给他们协调解决。但是我很少跟老总说，不像底下员工的建议我跟他一五一十地汇报，像这些大部分都是我自己"消化"。

另外，我们在 AK 企业中与其工会主席进行访谈时①，他也说到同样的问题。企业行政之间如果出现了矛盾，让他出面去协调可能更好办一些，至少能"软化"这种刚性矛盾，发挥"润滑剂"的作用。当然，最终问题的解决，还是要通过行政的途径，不过在这之前，可以让工会先去"润滑"和"缓冲"。

7. 工会职能的界限

工会虽然在很多私营企业中会经常帮助解决员工的困难或者帮助争取一些员工的福利。但是，就目前的私营企业工会运作情况来看，更多的时候，正如 HXD 所指出的那样，政府强制推行在企业内部设立工会组织，只是起到一种平衡和警示的效果，让劳动关系双方不至于出现过度的失衡，从而避免导致严重的冲突。在这个意义上，他认为，现在企业中的工会意识正处于"启蒙"阶段，在一定限度内可以提出利益要求；但是在企业中，企业工会在根本上仍然必须以企业的利益和发展为中心。

> 现在工会也是一种形式，工会意识刚刚启蒙，再过两年以后，有可能工会要跟我对着干了。但现在刚启蒙，对我们企业来说，好像我们各民主党派都有参政权，只能是建议、参政议政，并不是执政，现在肯定不会跟我对着干。你要跟我对着干，我看看我这个利益（损失）一点点的话，我可以让一步，你给我利益侵害得很多的话，我肯定不行。换位子，或者我是要动员一下，重新

---

① AK 企业是浙江省某市的知名皮鞋生产企业，是一家私营企业，我们访谈的工会主席同时兼任党委书记，但是他不具有任何行政职务，在一定程度上说，是一种专职的工会主席。他就说自己经常会帮助协调一些行政之间的矛盾，或者像他自己所说的那样，工会部门在企业中就是发挥"润滑剂"作用，哪里有需要，工会就会在哪里出现，不管是行政事务还是非行政事务。

选出一个工会主席。

最后，我们对企业工会的地位做一个简单的说明。在 HX 企业中，工会主席是由一个副总兼任，而且该副总是股东之一①，所以，工会的运作是依托于行政来进行的，这样，工会必然是围绕企业的生产经营开展活动。在 NL 企业中，工会形同虚设，职能大都被人力资源部（或者办公室）所取代。而在 JSJ 企业中，用 JSJS 的话来说，在他们公司，虽然建有党支部和工会，但是这些组织与企业正式结构（或企业行政）基本没有什么直接联系，其中的党支部干部和工会干部都是兼职的，更多的是作为一种形式，特别是工会系统，在该企业中，就是基于法律要求而设立的，基本不发挥任何实质作用，而是采取员工俱乐部的形式来履行工会的一些职能②。不过，我们这里所要强调的是，工会的那些"功能"没有被取缔，而且这些功能必须发挥作用，虽然可能通过不同的载体来实现，或者被"利用"或被"变通"之后让企业内部的生产经营与管理变得更通畅顺利一些。

---

① 实际上，这种设置不符合《工会法》的规定，因为《工会法》第九条明确规定，"企业主要负责人的近亲属不得作为本企业基层工会委员会成员的人选"，更不用说企业的主要负责人担任工会主席了。
② JSJS 说："我们支部基本上是独立的。他们只做他们的事，跟我们管理行政的没有任何关联，都是兼职。和企业是没有直接关系的，但是我们希望能够支持和帮助企业，来做点工作，这是党支部；书记是我们企业里的一个经理。工会基本上是属于一个叫什么呢，叫没有实质运作。我们工会基本上就是交钱，有统一要求，要建立工会，要交会费。那么我们呢，基本上就是用青年俱乐部和员工俱乐部的形式替代工会的职能，工会我们说就是，完全是一个形式。因为我们认为工会的状态和俱乐部的状态是完全两回事情。俱乐部是员工娱乐和参与的一个状态，而工会呢，是它的一个群众社团。如果我们认为真正的一个工会的话是代表工人的一个利益的，它是跟资本家的利益是对立的一个状态，它有它自己的一套东西，我们行政肯定也不能干预，是吧？但是我就觉得现有的这个形式挺好，因为你不可能跟资方来谈嘛。我们来说就是行政部加上青年俱乐部来代表他们的福利和待遇，他（们）觉得满意就好了。他（们）说你看，人家有体检，我们有体检；人家没有旅游，我们还有旅游，他（们）就觉得挺好嘛。"

二 国有企业中的企业工会工作

本节中所使用的资料来自课题组对三个国有企业的调研。一个是某市的国有股份制的航空公司SH，其市政出资四分之三左右，另外几家股东也是国有企业。目前公司采取了"新三会"主导的治理模式，不过，作为一家国有控股企业，"老三会"的设置不仅存在，而且也在发挥着一定的作用。课题组和该公司的纪委副书记（兼党群部主任）SHR、团委书记（兼党群工作部副主任、企业文化部副总经理）SHW以及人事部副总经理SHN进行了一次座谈。

还有一个是某市生产电池的国有股份制公司LS，该公司一共有七家股东，其中三家占主导地位，全是国企，目前员工近5000人。该企业是市里的能源行业领头羊，因此得到市领导的高度重视，而且市委书记还兼着一个领导小组的组长职务。不过据调查反映，公司的运作模式已经比较市场化，注重经营的自主性。其产品主要提供给很多国内外的手机生产厂家，比如摩托罗拉、三星、惠普等。作为供应商，公司必须接受一些认证制度，这样，公司在组织结构和制度安排上，从生产流程和产品质量监控，到企业中对人员的管理方式（培训、劳资纠纷、后勤保障、安全卫生、保险福利）等，都受到外部市场环境的直接影响。我们主要访问了该公司的人力资源总监LSW和工会主席（兼党委综合办公室主任、科协秘书长）LSU。

最后一家企业是东北的国有大型企业LK，从其创始之初算起，已有百年历史，以往是以煤炭行业为主，目前处于转型转产时期，开始发展非煤产业，目前非煤经济已经开始超过50%的比重。该企业在2001年开始改制为集团公司，下属30多个分公司。现在在岗职工有4

万多人，而离退休职工有 5 万多人，还有大量下岗职工。另外，企业曾剥离出去 10 多万的集体职工。在困难时期，企业曾经连续数月发不出工资，其间有大量的集体上访事件发生，甚至曾经出现过上千人试图进京上访的情况。目前，企业已经度过了艰苦时期，员工的工资、福利待遇、劳动条件等各方面都得到大幅度的提高和改善。该企业一个非常重要的特征就是，因为拥有百年的历史，所以，非常多的员工基本上是父辈甚至祖辈以及自己的子女、亲戚都在集团公司里，这样，整个公司内部的社会关系网络、工作和生活领域是高度重叠和纠缠的。甚至他们有一句话说，正是因为先有了这个企业，才有了后来的这个城市，而且该企业的"一把手"以前就曾是该市的"一把手"。虽然该公司也进行了企业治理模式的转变，但是，党政工团系统（或"老三会"）在该企业中仍然具有重要的权力和地位。工会主席不仅是专职的，而且是企业领导班子成员。我们在该公司做的调查相对较详细，从集团公司总经理到最基层的员工，都进行了一些访谈。不过本节中主要使用了对集团公司工会副主席 LKU[1] 和集团下属一煤矿工会主席 XLTU[2] 的访谈资料，同时也采用了一些员工代表的访谈资料。

在这些国有企业中，我们可以总结出以下工会的职能及其具体运作方式。

1. 各种福利生活方面的职能

这是国有企业的一个传统。一般来说，在促进企业内部凝聚力和提高员工积极性上，即使福利活动不具有直接的促进作用，也具有"保健"作用。LSW 给我们列举了他们公司中基层员工享有的各种福

---

[1] 该工会副主席从事工会工作已经有 31 年了。
[2] 该工会主席是从 1996 年开始在该煤矿上从事工会工作。

利活动，比如免费工作餐、免费住宿、节假日、组织优秀员工旅游、艺术节或文化节等。甚至在一定程度上，他认为他们公司还在"办社会"，他们自己在建员工宿舍、大学生宿舍、办食堂。而且他还认为，实际上不能全盘否定国企老的东西，为什么很多企业现在又将国企老的一些东西给拿回来，就是因为其中存在合理性，如人性化、稳定性等都是国企凝聚员工的重要因素。

从我们课题组收集到的访谈资料看，可以整理出以下比较重要的福利活动。

（1）组织员工互助。组织员工互助，是以前国有企业（也包括集体企业）的一个比较常见的做法，特别是在困难时期，大家可以相互接济，共渡难关。这种传统互助形式目前在有的国企中仍然保留下来，比如工会组织员工设立互助金制度，我们访谈的LK的一些员工，他们就反映，这种互助金还是发挥了很重要的作用。

> 那时候，单位的十个二十个人，打互助金，就你交20我交20，我急用了，这个就我拿了。最开始五元入会的，就那么点儿，后来都20了，各单位都不一样的，属于工会性质的。那这是拆东墙补西墙呗。这一段你没啥事，你可能不需要用的，那别人谁家有病人了，或者摊着什么事了，一借就能缓解一下。但是它也有一定的数额限制、使用的限制，最多不能超过二百还是几百。就是你什么情况跟工会一说，通过审核，符合咱这个条件。那你要是干别的，比较不急用的那当然肯定不行。只解决眼时的一些小的困难。[1]

---

[1] 这种没有注明是谁提供的访谈材料，都是课题组在员工座谈会上根据一些员工的表述综合起来的。

另外，还有设立"寒窗基金"，帮助员工子女上学。LK 企业中员工给我们描述说，在过去，寒窗基金是救助型的，也只能给个三百、五百，最高好像曾达到一千，那是针对特别困难的职工。而如今从救助型向祝贺型转变了，比如工会负责买点礼物送过去，这种活动一方面是缓解困难职工的家境，另一方面也确实能对职工的内心产生深刻影响，让他对企业更有归属感。比如，参加座谈的员工给我们讲了一个例子，大概发生在 1998 年。

> 某职工吧，他的孩子考的好像是一个财专。这个人原来是喝大酒的，那是没有酒不行，就是上班的时候你要不注意，偷摸着还整两口，但是这个孩子上学以后，愣把酒就给戒了，没有钱呢。我记得，那时候是考虑他家里的特殊情况，他那个媳妇也有病，他就一个人那点儿工资，那时候寒窗基金给拿了一千块钱。我听说老感动了，后来那酒多少年谁说都不行，戒不了，最后自己戒了。一千块钱那时候觉得数目挺大啊，就这种鼓励，他还讲他自己得好好工作，要不对不起咱们单位啊。所以那时候我听说，表现相当不错了，主动做一些工作。就是从这一点上来讲，工人本身来讲，对企业就是报恩，我得好好工作。

（2）吸纳和融洽企业成员。工会的一个重要职能就是通过组织各种活动来帮助吸纳和融洽企业成员间的关系。比如，LS 公司有个很明显的特点，就是人员构成非常复杂，导致企业内部在人员整合上面临很大的困难。像 LSW 所说，他们公司的中层人员有来自台资、韩资、日资、美资、国资的，底层员工除了本地的，还有大量不同省份的外地民工，这就需要公司通过一些方式去整合他们。其中工会组织的各种活动就提供了一个员工相互交流的平台。另外，LS 公司工会还经常组织一些让员工有被接纳感和融入感的活动。

譬如说农民工，咱们从来不叫农民工，来以后都叫员工，除了总裁、副总裁、经理什么，然后一律都叫员工，（外地的、本市的）都是一视同仁。举两个小例子，作为我们工会来说，职工结婚，我就给你100块钱的礼金，我们工会代表公司向你表示祝贺，只要你是职工，不管你是本市的也好，外地的也好，都给。生小孩的，不管你是男职工也好，女职工也好，我都给，你要是双职工，我就给你200块钱……譬如大学生毕业以后从学校到社会上第一个节日就是中秋节，我怎么办？我就利用中秋节，举行欢迎家庭新成员的联谊活动，已经举办了5次，中秋节就把你当成公司的一员，我们在外边搞一些小型联谊活动，譬如说聚餐，请老总出席，讲话，今年就是党委副书记讲的话。你来了以后，我首先就让你体会到你是公司的一员，鼓励员工在（公司）长期干，因为长期干，对培训来说，少花培训费，他自己在里边也有一个发展。

通俗话讲，工会主要起润滑剂的作用。调动员工积极性，怎么调动，从节假日来说，三八节就评选优秀女工，五四评选优秀团员，到了七一评选优秀党员，到了夏季，工会牵头搞优秀员工旅游，去过庐山、青岛、烟台、威海。你必须得评上优秀，5000人都去不可能。马上到12月25号，是我们公司成立8周年，我们现在搞这个活动，正在准备着呢，有知识竞赛，有趣味游戏，还有员工唱歌、跳舞，自己报节目。最后我们要搞一个生日蛋糕，放音乐，然后选一些，譬如在25号左右生日的，或者优秀员工上来切蛋糕。搞一些活动，我们都有记录，有照片。

（3）动员和鼓舞士气。这方面的职能在 LK 公司中最为突出。该集团公司下属的一个煤矿工会主席 XLTU 对我描述了工会组织的各种动员和鼓舞士气的举措。比如，他们会组织专题慰问活动和各种文体活动，像夏天每天都给职工送苹果、西瓜等各种水果，而且工会每天都去工作场地走一遍、看一看，为防止中暑，还送药；还有像组织班前会慰问、春节慰问，有时工会就组织一些节目表演，抽空组织乒乓球比赛、篮球赛等文化体育活动；还有给职工过生日，送生日蛋糕等；组织像迎新春长跑，结合矿工的工作特点，长跑就设置成从坑下跑到坑上；此外诸如健身基地、图书馆、歌咏比赛、知识竞赛等，而且每人有书报费，一年 100 块钱左右；在整个集团公司层面，有非常大型的文体活动和娱乐活动，像他们去年就举行过一次规模达 3 万多人的体育运动会，在我们去调研的前段时间他们刚组织了龙舟赛；组织大规模的灯展，甚至超过了市里举办的灯展的规模和热闹程度；等等。

更为重要的一个动员工作，就是该集团公司工会主席提出来的一个班组内部的建设"小家"活动。因为在这种大型国有企业中，班组是最基层的工作单位，也是职工日常工作及社会交往的一个重要群体，如何发挥这个群体的作用，自然成为厂矿管理的一个关键环节。他们建设"小家"的具体措施有些"军事化"的特点，讲究整齐划一；还有就是布置各种生活娱乐设备，像彩电、VCD、冰箱等；举行无违章、无违纪、无事故的"三无班组竞赛"；还在班组内进行各种教育，包括技术学习，尤其是班前会的安全教育，要求唱安全歌背安全誓词，这些看起来似乎是很形式化的，但是实际上能起到重要的作用。工会主席 XLTU 给我们描述了这种动员的效果：

你比如说为了搞好这个集团公司安全活动，安全教育是三个

10 分钟，硬性规定下来的。还有一个（班前会）唱安全歌，这个安全歌的意义不能小视，是吧？表面看不就是唱个歌吗？实际上在对工人入井前，作业前，对这个精神状态那是一种很好的作用，起码唱完这歌，早上起来没醒的醒了，你精神头不足的足了，是吧。对这个一天的工作它是有好处的，它的意义不能说只对安全生产，有多少效益也不能衡量，"安全唱心歌"，不是新旧的新，是心里的心。每年还组织什么呢？安全歌大赛，各单位都唱，领导班子都上去唱去，很有气氛。

还有一项动员方式就是组织员工进行技术比武，包括进行全员的培训。我们在该集团公司进行访谈时，各个单位都提到他们工会组织的技术比武活动，他们最为津津乐道的就是"首席员工"评比，这是由集团公司工会主席提出来的，用来激励员工创新和素质提升。被评上之后，年底奖励 5000 元，另外每个月工资增加 160 元，目前全集团公司里一共评出了 16 个首席员工。而且这种措施被市里采用了，由市总工会组织评比全市的首席员工，该集团有 11 个员工入选。另外，这种首席员工（还有诸如各个厂矿企业内部自己的优秀员工的评比）评比，除了能动员和鼓舞士气，对于员工本身来说，也是其自我实现的一种途径。

2. 组织职工代表大会和参与规章制度的制定

一般说来，定期召开职代会是国企的一个传统。但是随着经营管理层权力的增加，职代会的权力已经大为弱化，但是，在国有企业中，职代会传统的影响力仍然存在，而职代会的组织工作是工会职能的重要方面。

职代会的事务中通常有选举职工监事、职工董事，以及选举职工代表参与集体合同的协商，集体合同比较细致地规定了与员工利益相关的事项，而且对于企业具有一定的约束力。比如LS公司中，工会主席LSU指出，组织优秀员工旅游的条款被写进了集体合同中，上面规定了人均1000元的标准，如果不能实施这一计划，就需要给予相应的补偿。虽然人力资源部门也会对此关注，但主要还是工会进行监督实施，如果员工发现没有实施时，也是直接找工会部门要求给予解释。不过我们更关注的是，工会如何通过职代会来组织职工参与讨论和制定与自身利益相关的规章制度。

（1）组织员工参与分配制度的讨论和制定。分配制度是与职工切身利益最为相关的规章制度，我们可以以SH的涨工资事件为例。

SH曾在2004年给员工加过一次工资，事件的起因是在当年的9月，中央国资委将三大民航集团（中航、南航和东航）领导全部换新，"新官上任三把火"，第一把火就是加工资。而实际上，当时三大航空公司都是处于亏损状态，所以其增加的工资部分几乎都是通过贷款筹集的。另一个背景是在全国民航业中，有一个民航氛围，用该公司的团委书记SHW的话来说，全国的民航系统像"八旗子弟"，不管是什么地方，也不管是什么工作，在工资上大家是互相参照、互相攀比，如果有哪家或哪地方的航空公司加了工资，那么通常其他地方都要参照而"被迫"加工资。而且，该公司在其分配问题上提出了一个"六分位"的分配政策，即公司的工资水平，要保持在同行业的中等水平以上，定位是"六分位"。所以，当时在三大民航集团加工资之后，员工开始反映上来，要求公司也应该进行工资改革，增加工资。

同时，公司的人力资源部门也会关注周围的情况，并意识到应该要加工资。但是，这毕竟涉及公司整个经营决策方面的问题，而且需要兼顾股东的利益，因此需要由董事会、党委和职代会、工会部门对工资总额的确定进行解释，让员工理解需要保障股东的利益，才能有进一步的投资和企业的发展，从而才能有员工的利益，这是一个双赢的过程。最后，增加的总额度是由董事会来确定，然后在这个额度框架内，具体分配给不同层级、不同部门、不同人员的增长额度，则是在公司内部进行讨论协商，这个工作就是由人力资源部门和党群工作部以及工会来组织的。通过这样的上下协商，确立了一个基本方案，然后再拿到职代会上进行讨论通过。在这个基础上，自然也就能做进一步的方案，就是要增加利润，动员员工努力把今年的利润再加大。SHW 给我们讲述了当时的情况。

> （工资的增加）是在董事会确定的额度框架之内再讨论，这里面是我们操作细节中的问题，就是说技术人员应该是多少，管理人员应该是多少，到底分几级，这是我们讨论的范围。而在处理薪酬福利待遇方面，人事部得统筹考虑协调各方的利益的。因为有的会强调市场价格，而有的希望能从工龄或其他什么方面考虑进行增加或调整，而这些意见都直接找工会或者其业务部门反映出来；也有在先进性教育中提出来，而且有的会直接写信给老总。因此，在这个过程中，人事部和工会都在配合，要做到效率优先，兼顾公平。在事先做方案的时候，落实到各个分工会主席，都参加，然后开会，下去听意见，群众对于这个加工资的期望是多少，他们的想法是什么，然后我们有个初稿，提供给党委做一个初步的讨论。初步讨论以后，党委领导认为，这个也不能做最后的决定，还是要听群众意见。当然，群众这方也是非常积极，有的群众也很高兴，会把其他的方案都拿过来提供给我们人事部门做参考。东航的方案，什么的方案都拿过来，所以在这个过程当中，酝酿改革方案的过程当中，也是听取了群众的意见。而且

这里面就是，本身我们有的家属都在东航，他们都拿过来，然后我们根据分析告诉他，其实你说他高的部分，他有些都算在里面，有些你只看到他的小时费，可没看到他的工资低，我们跟他综合进行解释，然后大家看明白，然后我们制定一个方案。

从工会工作来看，在整个过程中工会主要是发挥一种下情上传的作用，一方面是主动收集员工的意见，形成初稿，提供给党委进行讨论，另一方面也是员工主动参与的一个平台，能让员工有一个利益表达的渠道。最后，在方案出来后，因为涉及不同利益之间的协调，可能最终结果一开始有员工不满意，这也需要工会去负责解释，以让员工能够接受。另外需要注意的一个问题是，工资增加总额的确定不是工会代表职工与企业行政讨价还价确定下来的，而是由公司董事会确定下来，然后，在这个框架下，工会等部门组织员工进行内部的分配方案的制定。所以，工会工作是在企业行政现有的利益设置下，尽量在员工内部协调。因此，国有企业的工会与行政的关系并不是对立性的，而是相互配合的。

另外，职工代表大会的职权设置，已经不再像传统国企中强调的那样——作为企业内部最高权力机构，而是明确股东大会是最高权力机构，而职代会的职能主要是进行一些日常审议工作。该公司的纪委副书记SHR还特别指出，职代会职能中的一个重要内容就是审议"董事会授权总经理处理的有关职工福利的那一部分资金的使用合理性问题"。比如该公司在年金方案的制定上，首先是由董事会批准要制定年金制度，并授权让总经理操作。但是在具体的操作上，他们需要先了解员工的意见，而且必须要让这个方案能在职代会上通过才能真正付诸实施。而为了能让员工接受并获得通过，就需要由工会来配合人事部门和党群部门听取员工意见，通过上下之间的几次沟通，最后确定一个过渡性方案。SHW也给我们讲述了当时年金方案确立的大致过程。

>（年金方案）是人事部和工会相配合，在事先做方案的时候，下去听意见，群众对于企业年金的方案，他们的想法是什么，然后我们有个初稿，提供给党委做一个初步的讨论。初步讨论以后，党委领导认为就是说这个也不能做最后的决定，还是要听群众意见。当时按照国家的规定，这个年金的交法应该是对半的，但是下面发下去的时候，职工就提出意见，就是说感觉这个当前承受不了，是不是能够渐进的，我们先交二十，你们交八十，然后三十、七十，然后四十、六十，然后逐步过渡到五五对开。这种方案提出来后，党委再专门召开会议，感觉确实最初的方案出来不成熟，那么拖了大概四五个月，大家再去回去酝酿，最后是按照职工的方案进一步调整，然后修改这个年金方案，有三年过渡期，那么最终是职代会进行表决。

在SH公司，在有关员工切身利益的制度制定过程中，工会发挥了一个重要的利益表达和信息传递渠道的作用，而职代会更多地具有一种咨询和建议权或否决权，而不具有决策权。因此，在国有企业SH中，职代会的通过和确认是一种合法性的授予，而不是一种决策过程。

（2）组织员工参与审议通过企业重大生产经营规划。可能只是在国有企业中还保留了这种传统，不过员工的影响力已经弱化，但是这并不意味着已经没有什么意义了，至少在合法性赋予方面，仍然是不可忽视的。

在 LK 公司中，虽然有一年一度的员工代表大会①，但更具重要意义的大会是在员工代表大会下设置的"代表团长联席常任议事会"。在设置这个会议之前，有过"代表团长联席会议"，根据 LKU 的描述，各代表团主要是由各基层单位分别组织（也有的由几个比较小的基层单位一起来组织），各代表团都有自己的代表团长（和副团长），其主要任务是围绕员工代表大会的召开，先组织各自的代表团会议，提前审议企业的工作报告、财务报告等，在审议完以后，各代表团长把审议情况拿到代表团长联席会议上进行汇报，企业有关党政领导会听取这些汇报，并根据相关需要对这些报告进行修改，经过来回几次的讨论、汇报和修改之后，才开始召开企业的正式的员工代表大会。据有关研究者指出，这是为了能让员工代表大会顺利地通过各种相关的报告和决议，并使后者获取合法性（张静，2001b）。不过，由于这些代表团长主要是各单位或基层工会主席，其作用或视角会受到专业等方面的限制。而通常员工代表大会一年召开一次，但在闭会期间，企业很可能会遇到一些重大的议题，在时间比较紧且议题比较重大的情况下，就需要通过代表团长联席会议来进行讨论、审议，甚至参与决策，而他们往往又不具有相应的专业能力去履行这种职能。所以，该公司就根据总经理的提议，设置出一种"代表团长联席常任议事会"的组织与制度。

首先在构成成员上，进行了面上的扩大，即主要由三部分组成，各约占三分之一：一部分是代表团长，通常就是基层的工会主席；一部分是基层党政领导代表，基本是企业党政一把手，或者是副职的专业行政管理者，有的是总工程师或总会计师；最后一部分主要是生产

---

① 我们通常都是说职工代表大会，但是由于该企业特意称为"员工代表大会"，所以，在此处，我们也就统一用员工代表大会。

一线的员工代表，再加上集团公司层面的一些负责民主管理的领导，包括工会主席、副主席，"两办"的主任，党委书记、副总经理等，一共是45人。其主要职责就是讨论、审议，甚至参与决策企业的重大问题。到目前为止，他们已经开了21次代表团长联席常任议事会。

> （比如）入医疗保险问题，一开始是退离休的上访，坚决要入医疗保险。市里还不干，说你光退离休的入不行，你在职的必须入，才能把你企业退离休的带上。本来退离休的应该归社会管理，现在退离休的还是归企业管理。最后总经理说的，代表团长（联席）常任议事会你们议吧，他拿出三种方案，叫我们这个代表参与议事会议，最后来讲我们取了中间的意见。最后我们全员地加入这个医疗保险，把这个退离休的也带入了。但退离休的，特别是离休的部分，入了保险以后，又反悔了，说入保险不如不入这个。以前由于企业效益不好，退离休的医疗费，有的是一个月，甚至有的是一年报销不了，他为了解决这个问题，就提出加入这个医疗保险，他报销它的速度不快吗？现在企业经济效益好了，你随时发生随时给你报了，但是呢，个人入医疗保险，个人拿一部分，企业拿一部分，其中包括一个大病的。你大病来讲就是这个，总经理提出企业拿一半，个人拿一半，这是一个意见；一个是企业全拿，个人不拿，第二个意见；第三个就是个人拿小头，企业拿大头，最后我们代表团长常任议事会讨论还是个人拿小头。

通常各个部门或分厂都有自己的一些围绕生产经营方面的专门会议，相关的负责人，比如分管的副总会根据职务和专业分工组织这些会议，在这些具体的专业问题上，代表团长联席常任议事会是不能去干扰的。但是遇到那种专业会议无法解决或做决定的重大事务，甚至集团公司的整个经理层也最后确定不了时，那么就由经理层拿出方案和意见，最后交由这个代表团长常任议事会进行讨论通过。其中就有一些关系到员工的重大利益的规章制度或政策制定方面的问题。不过，到目前为止，这些提案大部分是由总经理提议，大概占了三分之二，另外的三分之一基本是由行政副总提议。另外，我们从该集团下属的一个厂矿的工会主席那儿了解到，凡是在这个会上被否决的事情，基本上行政也就不会再考虑了，这也说明这个会议具有举足轻重的地位。

这些常任议事代表是三年一届，我们调研时正好到了改选时期。改选名单由工会负责提名，并报送党政领导审议。这次常任议事代表的改选比第一次更为正式，因为正好集团公司现在筹备召开第二届员工代表大会，这样，在党政领导审议之后，就交由大会通过。其中，党政审议的重点，一方面是面的分布问题，即比例（包括基层单位之间的比例）的调整，另一方面是因为原有代表职务的变动或工作的调动而进行局部的调整，包括一些领导干部可能因为集团公司的需要而调整使用的，但工会事先可能不知道，这就需要党政部门去调整。不过，在提名时，工会也会事先进行上下协商，是等额提名，如果审议后需调整，那么工会再去调整。这次提名将交由员工代表大会通过。他们希望通过员工代表大会的认可，这个代表团长联席常任议事会更具有权威性。

（3）组织员工参与讨论和制定关系其切身利益的规章制度。在LK公司，专门制定了一整套针对员工违规后的处罚规定，不过由于这些规定直接关系到员工切身利益，如果得不到员工的认可，自然也就难以有效实施。所以，公司就专门组织员工讨论这些规定的合理性，并且也是提交给代表团长联席常任议事会讨论，最后由全公司层面的员工代表大会审议通过。

> 这个得经过代表团长联席会议讨论通过,他感觉这个不讨论通过,他觉得他心里没有底,或者是什么呢?现在是一个笼统的,凡是涉及员工切身利益的重大事件,必须提交到(会议讨论通过)。三样:涉及企业发展的重大问题,第二涉及员工切身利益的问题,第三个涉及员工建设方面……你像企业的这个"三违"处罚规定,为什么设立这个规定,专门叫我们讨论,因为总经理说,有了安全不能保证你这个企业是能够得到顺利发展,但是没有安全,你这个企业肯定发展不了。咱们安全文化技术来讲呢,就一个人出现"三违",有可能毁了你这个企业,所以说呢,为了整个把这个企业的行为,生产经营,包括每个人的,都程序化、规范化。在这个"三违"来讲,一开始拿出了1000多条,因为在我们集团公司的企业性质比较庞杂,我们先后议论三次,最后修改了160多条。通过了以后,说作为企业的一种小立法,在全局进行执行。

我们举行的员工座谈会上,该集团公司的员工也说了他们对代表团长联席常任议事会的看法,其中也提到了"三违"条例的修改问题。他们说有的条例就在这个会议上被否决了或者修改了。

> (最初定的"三违"条例上)员工喝酒,说的(是)解除劳动合同,领导呢工作时间喝酒降职。这大会上就提出来了,你领导喝酒怎么的,他不是员工了,他不是这个企业的啊,你得一视同仁,你不能说下井的一看这个条文,啊,领导他喝完酒他就是降职的,工人就开除回家了,就觉着这个不合理。经过了两三次

讨论，最后通过了，就改变了，就基本上都是一致的了。

（4）组织员工参与对违规员工的奖惩。工会同时也负有对其成员进行规范管理的职责。工会组织员工参与对违规员工的惩罚，就是发挥其规范行为的职能。同时，也是对现有制度与规范的一个再确认的过程。而且，由于整个过程员工已经参与了讨论，这也能强化内部的共识。

LK公司下属的一井下煤矿，就在我们去调查的前两三个月的时候，有一个近40岁的老员工，因为家里有人得病住院，没有请假就去了医院，自己偷偷打了考勤，但在班前会上没有出现。这个事情被发现后，根据"三违"处罚条例，他被解除劳动合同。当时厂里的各级领导包括矿里分管的副矿长，工资科、保卫处、纪律室相关领导及工会主席等都找他谈过话。而且作为一件比较重大的事情，对该员工解除劳动合同的决定还被拿到班前会上进行讨论，车间的相应领导也参加了，让员工们自己来评判这种处罚是否合理，是否需要进行改变惩罚的力度。需要说明的是，厂矿在确定这些制度之前，不仅让员工自己签字，而且还让员工的家属进行签字，确认对相关规定的认可。通过这样一个上下的沟通和讨论，进一步让员工确认了现有规章制度的合理性和严格性，这本身也是让这些制度获得进一步的认可和认同。不过最后，该厂矿里还是给他安排了一个临时工的岗位，解决其生计问题。这也算是让那些同情他的员工找到一些安慰。

（当时）矿里的，咱们那个管理矿长，那个工资科的老总，还有咱们保卫处的处长，还有纪律室的，工会主席，这些人同时找他谈，谈完之后，写成材料，然后就解除了合同。咱们事先吧，为了怕出现这个事，咱们在班前会进行教育，把这个解除劳动合同这些常识都写成单篇的，每人发一份，完了让家属签字，就怕你有违反。保证按照矿里的规定达到这些要求，遵守这些纪律，你说这些工作，咱们出了这个事，咱们矿里的有关领导，公司领导，俺们就是查他那个底，一看，咱们做的这些教育里头，给他签订的这些手续都是齐全的。他这件事，在职工当中，引起的反响很大，很多职工，对他这件事，非常这个同情，感觉处理得重了点，就是说能不能再给他一次机会。有的就说"哎呀，这太重了，一下子家里生活来源就保证不了了"，有的说"这算啥事啊，差一个工，不行罚他一点钱，是吧"。根据这个情况咱们队领导呢就感觉工人对这个事有意见，咱们就利用班前会，就对这个事大伙议论议论，大伙看如果都认为这个事不合理，处理得重，那咱们跟领导反映，但是最后议论来议论去，也加上咱们领导从各个方面给他们的正确领导，大伙认为这个处理得合理。咱们车间的党政领导、技术领导、安全领导都参加了。不容易，但是，通过这件事，达成（的）共识是什么呢？作为一个企业，要没有这样"铁"的纪律，那你这个事永远也杜绝不了，你照顾他，明儿再发生一个又照顾他，那你这制度不就成虚置了吗？这虽然是严厉，但是大伙都能理解，后来我听说是说矿里头吧，领导也考虑实际情况，给他安排了一个临时工的工作岗位，让他能够维持生活。

3. 组织提出合理化建议及其他职能

从企业的角度来说，这是一种群众动员机制。合理化建议活动是一个非常重要的职工参与民主管理的传统，特别是在新中国建立前后的时期里，这一直是企业能够得到迅速发展的一个重要促进因素。

在我们调查的 LK 集团，在 2004 年末，集团公司专门制定文件，下发了一个合理化建议奖励办法。在操作上基本是以工会为主，从集团公司工会、基层工会、分会到小组，逐级发动广大员工，围绕企业生产、经营、销售、物资管理、成本控制等各方面提出合理化建议。工会组织的过程主要是，先负责征集，征集上来后工会组织进行初步的整理，并根据对口的方式提交给相应的职能部门，看是否被采纳，如果被认为有价值，而且具备所需要的资金等条件，那么就会予以采纳，然后采纳部门还必须把采纳实施的结果反馈到工会，这样工会就能按照创造的效益，进行一定的奖励。更为具体的操作方面，因为工会在班组、车间、厂矿三层都有相应的组织，这样，工会根据具体建议的采纳层级，或者同级提交给相关管理人员或部门，或者往上提交，上一层级的工会则进行筛选，也同样是根据采纳的层级进行相应的处理。最后，如果是牵涉到全集团公司的建议，那么上报集团公司，由公司进行层级论证和专家论证。总的来说，合理化建议就是一种全员动员。而且每年两次由工会来组织对合理化建议进行评选，比较好的可以获精神奖。

员工提出的合理化建议，给公司带来了很大经济效益，LKU 给我们举了一个例子，这个例子我们在别的访谈对象那里也得到了核实，我们进行员工座谈会时，这个例子的主人公也参与了座谈。他是一个普通的班长，但是提出了一个将公司电话系统改造成内部电话的建议，结果给集团公司节约了上百万元的费用，公司也给他个人进行了奖励，据他本人说有上千元，而且他也被评上了劳模，住进了"劳模楼"。

除了前面几种主要职能外，我们调查的国有企业工会还有以下职能。

（1）与私营企业工会一样，国有企业工会也需要与外部制度环境进行职能对接，比如与上级工会的职能对接，像 LS 企业还经常会去承办一些市里工会组织的运动比赛；有时 LS 企业工会还去执行一些额外的社会职能，比如积极响应国家提出的"和谐社会""节约能源"等号召，在企业开展相关的活动。这些非生产经营的事务，都由工会承接。

（2）企业工会还要负责一些特定的信息传递事务，比如 LK 集团公司中，工会的一项重要职能是负责组织总经理联络员[①]，对这些联络员进行培训或"以会代训"，以及对联络员的考核和人员调整。XLTU 给我们举了他们矿的做法，为了能让反映上来的问题得到重视，工会会不定期地将厂长联络员提交上来的问题或信息进行整理，打印几份分别递交给有关领导。领导审批后，同样交由有关科室处理，处理完后把信息反馈到工会，最后工会把结果反馈到当事人。当然，也有没法解决的，或者只能解决到一定程度的，那么也必须给当事人解释。特别是对于一些具有普遍性的问题，可以将解释放在班前会上进行。这样，通过工会的这种配合，联络员这条信息渠道更有组织性、更有效率。

（3）企业工会还要负责稳定工作，这可能是国有企业不同于非国有企业的一个重要特点，也是国有企业承担的一种社会（政治）职能。特别是在国企改革时期，企业工会的一个首要任务，就是帮助稳定职工群众，不至于出现集体上访、集体冲突等突发事件。在 LK 集团中，从上到下，都曾经将稳定工作作为重中之重。在具体事务上，有面对突发事件时进行积极劝阻，比如劝阻上访；还有一个让我们印象深刻的就是组织再就业工程，虽然工会可以组织救济工作，但是这

[①] 有关总经理联络员和矿长联络员等的具体介绍，可以参看第三章有关员工参与的讨论内容。

无法从根本上解决问题，用他们集团公司工会主席的话来说，不能靠"输血"，要"造血"。工会一般是要给下岗员工寻找新的就业岗位，而对于身体不好或者年龄太大的员工，则帮助他们的子女找工作，比如 XLTU 就曾经专门组织过一批员工子女到外省劳务市场去找工作。

4. 企业工会工作目标和方式

最后，我们总结一下国有企业工会的工作方式，包括其工作的目标、操作办法及企业工会的职能限度。

首先我们需要重新理解"维护职工的合法权益"这一工会首要职责的含义。因为我们在国有企业调查时发现，那些工会主席大都认为，"维权"问题在他们那儿不是一个问题，因为不存在严重的劳资冲突，因此，如果非要将工会的职能定位为"维护"，那么就应该以更广的视野去理解这个词的内涵。LS 企业工会主席 LSU 认为，2001 年修改后的《工会法》中之所以突出维权作为工会的基本职能，是因为转型这一特殊时期所产生的严重的劳资冲突和工人生活困难问题，所以在维护职能的规定上，比较强调了劳资冲突情况下如何维护工人的合法权益问题。但是，当企业走入了持续发展阶段时，维护职能就必须得到"放大"的理解，就是如何让员工获得稳定的工作和收入，进而有持续的发展空间。因而也就有了另一主要职能即组织教育和培训，帮助员工提高自我和实现自我。

> 维护职工的权益不仅仅只限于给他发工资，给他一些福利待遇，我理解这是最基本的，这个都做不好，你对员工的一些权益维护，根本就没有基础可谈。在这个基础上，对员工进行培训和培育、培养，包括新来的大学生，你个人来了以后，我怎么给你引导，我们叫个人职业生涯的规划。跟（人力资源部）他们结合

做，我们是配合他（们），搞一些宣传教育，鼓劲的。这个维权不是非得出现问题了，打官司。看怎么理解，纯属个人观点，也就是我工作当中的一些体会。你没有这种现象发生，你工会怎么做，你光等着人来告状，没人来告状怎么办，你不搞工会工作啦？当时把维权放在工会法首要（位置），我理解，当时有一个背景，特别是当时有拖欠职工工资的，像一些国有企业职工下岗，在处于企业机制的转换过程中出台的这么一部工会法，在当时的条件下有它的好处，我也没有特别细的研究，它没有考虑到再下一步的发展，像搞得好的企业你怎么做，以后这个工会法，外资企业到中国来你怎么做，像我们国有控股的，你没有这种现象发生，你怎么做，你不能说它有错误，但只能说在那种背景下产生的，那种条件下不写不行。（这个工会法没有考虑到将来的）发展空间。我给职工创造学习培养的条件，我们还要搞大学，你把职工的工作稳定了，他有了稳定的收入了，我给他介绍一个职业发展规划，你在（公司）长期发展，那不就是维权了嘛，给你维权不就是增加工作的稳定性，增加收入，非得说不拖欠工资那是维权了？

其次我们需要考虑工会在维护职工的合法权益时又该如何定位的问题。本书认为，企业工会不同于产业工会，因而在发挥维护职能时，需要注意两个维护，即维护企业的整体利益和维护员工的长远利益的有机结合和统一，这是企业工会工作的出发点、落脚点。具体操作上，就面临着如何去处理好与行政和党的关系。在 XLT 矿工会主席 XLTU 看来，在国有企业中，通常在工资福利、劳动保护和安全健康等方面，都不存在大问题。工会参与民主管理其实主要是积极配合企业的生产经营、技术改进、员工动员，通过这种方式来促进企业的发展，在这个过程中，也在逐步实现员工的利益。在企业中，企业工会是不能与行政真正对立的，否则只能是员工与企业两败俱伤。其实有相当部分企业工会主席也都认为，员工参与民主管理及工会工作都有限度，即不能老搞对抗，否则把企业整垮了，最后变得什么问题都解决不了。

在我们看到的国有企业中，通常采取的是一种党工团相结合的方式，这样将党群工作拧在一起，然后加上行政的配合，就可以让整个企业的员工动员能力得到很大提升。在具体操作上，首先一点就是党群工作人员配备，通常是一套班子挂几个牌子，或一个人同时兼几个职务。比如我们调查的 LS 企业工会主席 LSU，他同时兼任党办主任，还负责科协的事情，而且新成立的保密部门也是放在他们这个部门。这样的配备方式，有助于工会借用党委部门的力量开展工作，这样影响力也可以得到提高，再加上他们通常是与人力资源部门一块合作来做好员工激励和动员工作，所以，在该企业中，往往是以党委办公室、总裁办公室和工会三方的名义共同开展活动。而且在这些活动中，虽然人力资源部门也会积极参与，但通常会以工会牵头或主要以工会的名义开展，这样有助于提升工会在员工当中的影响力和号召力[①]。此外，在具体运作中，党组织和科协的活动也需要工会给予支持，在该企业中，前者的活动经费通常由工会经费支出。由工会承担党组织和科协等群众组织的活动经费，而这些活动又是在一定程度上以调动员工积极性进而促进企业发展为目标，因此工会实际上也就间接地推动了企业发展。总之，在该工会主席看来，企业的行政、工会和党等部门之间需要相互配合，其共同目标就是让企业得到更有利的发展。

合在一起叫党群工作，有它的好处。我现在体会到工会发挥

[①] 这一点与李立三所强调的是一样的，他就强调行政应该帮助工会多发挥作用，而且适当的时候，好的事情让工会来做，行政自己担当点"恶名"，这样有助于树立起工会的威信，以后工会在开展工作时就容易得到员工的认可和配合，具体可参见附录一。

作用的。譬如说有时候发个通知也好，搞个活动也好，虽然是工会牵头搞，我跟人力资源部联合起来一块搞，无形中把党的工作也给融进去，所以有些工作不见得非得是——这是工会搞的，这是党委搞的，你糅合在一起，他的影响力，作用更大……如果说科协发奖品，跟老总都说好，我可以走工会的账，当然我也可以走科协的账，包括评优秀党员什么的，我都走工会的账，因为我工会的钱比较多，可党费就没多少了。100多个党员我没多少钱。也就是一个月几百块钱，还有四六开，六交给上级党委，一个月才能有多少钱呀，所以我还得动用工会的钱，拿工会的钱来发一些奖品，纪念品，大伙都知道这个钱走的是工会，也都比较认可。

5. 企业工会工作与员工满意度

在 LK 集团中我们进行了两场员工座谈会，获得了一些员工对工会工作的看法。这样，也能检验以上工会职能所能带来的效果，从而初步验证企业工会工作对企业组织所具有的作用。不过，我们也只能根据收集到的资料进行部分职能的验证。

首先是在企业工会与企业行政的分工和联系上，员工有自身的理解。比如员工 LHTZT 和 LHTMGP 认为，从工作方式看，工会采取的方式，一方面比较人情化，能站在员工的角度谈问题，另一方面也是一种引导，而不是行政命令，比较容易让人接受；在工作的内容方面，企业的行政领导主要精力是在企业的生产经营，或者根本没有时间和精力去处理职工日常问题，也不适合去做这些事情。用他们自己的话来说，行政和工会及党委，是分工不同，各有各的专长和领域。

我觉得咱们现在这个工会组织，在企业里面，很多是行政组织的命令，或者是党组织的一些正面的要求所起不到的作用，他站在群众的角度去做这个工作，要比行政的直接的命令要好！你看咱们工会组织的员工安全教育吧，跟党委发出一些号召，专门组织一些活动，组织演一些的"情景剧"，看了掉泪，你看出了事故以后，家里那个样！组织办心歌大赛，各车间都唱《安全歌》，现在咱们矿在下面基层，普遍唱的是两首歌，都是一些个我们的常话，一个是《班组哥们亲兄弟》，再一个就是我们经常唱的《安全歌》，就这两首歌，就是把气氛搞得特别浓，还有人情味。在这个安全教育上啊，它这个讲究什么？情感教育，以情感人哪！现在我们矿最流行的就是四句话，"你是家中的梁，工作要思量，梁折了，家遭殃，生活无保障；你是妻子的天，莫要天塌陷，天塌人心寒，妻儿无人管；你是父母的心，牵挂重千斤，儿走他乡路，老人泪湿襟；你是儿女的山，为儿挡风寒，山倒无依靠，眼见人心酸！"这些话，就是人情话特别好，唤起你对安全工作的重视。还有员工过生日送蛋糕，凡结婚的，老人去世的，儿女上学的，工会组织一次给你三百块钱，作为慰问金啊；另外工会组织这个技术表演赛，咱们现在在班组建立首席员工，建设"三型班组"，安全型、亲情型、学习型。这些都是工会里的一些积极分子开展的，他不是强迫性的，但是他属于教育引导，来引导这个班组往这个方向发展，鼓励你这个班组里面学习。就是说工会组织的引导呢，要比它的行政命令的红头文件下达的要求，你这个硬性的东西，群众不一定接受。

其次是在职工参与企业民主管理上，我们前面主要讨论了工会组织参与企业规章制度的制定，以及工会通过职代会等形式参与讨论企业重大生产经营问题等。这在员工看来，提供了层层向上反映意见、想法的渠道，尽管企业高层的决策他们不能参与或者也不知道具体过程，但员工的意愿反映了上去，也能得到领导的答复，不管能不能解决都有回音，那么这也能疏导员工情绪。在员工看来，这个员工代表大会并不是纯粹形式化的东西，而是具有实质意义的，正如他们所说，如果形成的决议得不到员工的认可，那么执行起来就很难，或者根本没法正常执行。在会议上，不是简单地举手表决，而是存在一定的质疑和论证。

员工代表大会召开之前，它有一个提案，把这个提案事先就下发到各个单位，你想在这个会上反映什么问题？你把这个意见就写在这个提案上面，在会上讨论的时候，你还可以发表意见。给我印象最深的，通过这个票决制这个事啊，就成立这个××加油站的时候，就是全体员工代表票决。咱们就是二百多个员工代表，来自层层面面的，就论证这个加油站的可行性，行不行？你领导一票顶一票，咱一票也顶一票，大家从方方面面地论证。因为它不是我们现有的经营项目，属于多经营的新建项目，所以呢，经营风险什么的，大家都在考虑这个问题，你能不能挣钱呢，你赔进去怎么办呢？你直接影响咱们搭的人，还搭进很多的物资，所以大伙提出一些怀疑也很正常。真有代表上去提出反面的意见，就觉得它的风险太大，投入能不能产出，这个地点选的行不行，这个地方的加油量能不能上来，能不能有效益，我表示怀疑，请领导回答。那就要解答，这个可行性的调查啊。领导把这些依据向员工代表做了一些介绍，员工代表一听挺好。有道理，行，我投了我这一票，我同意。那一次我看，这个行使权利真的挺好。咱们卫生所那个（提案）没通过的，那次怎么的？九五、九六年大体那个时候吧，作为咱们这个企业单位（医疗）改革是刚刚起步，这个大家习惯于计划经济那种模式，享受惯了公费医疗这种优惠，冷不丁的你要一改革，你个人承担百分之多少你享受多少，最后这个改革，就很难接受。在那次会上，就这个改革方案没通过，多数代表没举手，可能是我当代表这么长的时间就那次没通过呢。咱说部里面的党政主要领导，那也就只能采纳员工代表意见了，因为这不是形式的东西，真不同意你真就不能执行。这个放置了一年，随着大的环境气候的改变，人的思想意识的提高，第二年再提出这个方案，更完善了一些，大家也通过了。

由于该企业这些年一直在发展，职工的工资收入和福利不断提高，工作环境、安全和劳动保护措施不断改进，还有各个班组内部的"小家"建设也特别人性化，这些让员工觉得领导为员工办了实事，能够为员工的利益考虑，也就让员工感觉到了一种地位的提高和自身的满足。LK集团公司下属的机械制造厂一女员工JXZBP给我们讲述了她所感觉到的公司的一些发展，以及自己感到满意的地方：一是厂里重大决策都会通过员工代表大会讨论通过；二是员工福利待遇得到很大的改善，比如伙食、浴池、文化娱乐设施等；三是劳动保护方面的设备和用品的改善；四是厂务公开制度及联络员制度。

  厂子有什么重大决策都得开员工代表大会通过；再一个就是有那个福利待遇，咱们厂的福利待遇也是挺好，就是中午吃饭，交一块钱，买一个车间的站牌，到食堂就餐；再一个就是浴池，现在也都是更新了，全是淋浴头，也都镶的瓷砖，箱子也都是新买的那个，就是每个工人一个箱子；完了再有一个呢就是咱们文化娱乐，咱们厂子有一个文化中心广场，有篮球、羽毛球，什么都有，所以一个月工会就组织，有毽球比赛、篮球比赛、羽毛球比赛。所以工人中午吃完饭以后,十二点二十回到这边,就是参加各种游戏,就各个车间也有游戏室,玩扑克的,玩象棋的。不像原先,原先那个工人自个带点饭,吃完了跑哪儿两个凳子一并,就那么躺着;再一个呢就是咱们说的劳动保护发放方面特别及时,特别是现在厂子里抓安全,抓质量啊,就是在安全的基础上,抓生产,抓质量;(还一个)厂门口有一个厂务公开栏,像提拔科级干部啊,就是搁厂栏贴出去了。征求员工的意见,厂长书记啊都有意见箱,谁有什么意见投进箱里。厂长书记也有联络员,有9个,每周都向厂长汇报,反映反映。(而且)咱们厂子领导吧,就是成天就来底下转悠,跟咱们工人一点都没有架子。

反过来,当问及如果赋予员工更大的权力,让他们拥有选举和决定一些领导人选的权力时,他们比较明确地认为这种"民主"对企业的发展未必有好处。也就是说完全民主选举出来的不一定是好的,因此他们需要的是一定的民主性,比如需要一定的投票程序和公告,但最终还是需要行政本身从综合方面去考虑和任命。综合而言,在员工那里,决策权也许并不是最重要的,他们首先需要的是建议权、知情权,从而获取一种畅通的表达和反馈渠道。

三 合资企业中的企业工会工作

我们课题组调查的合资企业主要有两个,一个是天津的某中德合资公司 XZ,生产经营电气传动设备。该公司在德国的总部已经有了工会组织,因此,在公司中建立工会被德方主动接受。该公司的资料来自我们对其副总经理 XZS 所做的访谈。另一个是上海市的某中法合资的股份有限公司 AB,主要从事电信、网络通信等行业,员工有 6000

多人,其中83%是本科以上的学历,研发队伍占到整个人数的20%左右,营销服务人员占20%左右,剩下的是生产部门和职能部门;公司在2002年组建成立,在股份上,中方和法方都是50%的股份。我们主要访谈了该公司的人力资源部经理ABL及副总裁ABD。由于我们访谈的合资企业较少,而且对于工会方面的工作涉及不是很充分,所以我们这一节更多的是对其企业工会特色进行一些介绍,而不能像前面两节那样比较详细具体地梳理其各项职能。

与前面的写作方式不同,此处分别对两个公司的工会工作进行梳理。

1. 中德合资公司 XZ 的工会工作

该公司的德方总部本来就设有工会,所以在该合资企业设立工会,并没有遇到什么阻力。不过,根据XZS的介绍,最初公司成立的时候并没有组建工会,因为刚开始人员特别少。之后公司开始运营起来,各部门基本建立,人员增多后,才开始有了建工会的需要。按照XZS的回忆,最初建立工会可能是因为公司需要有人组织旅游,因为他们公司每年会组织一次旅游,在人员较少时,都是中方代表的一个副总帮助组织,但是公司发展起来后,业务较多,行政方面就没有精力处理这些事务了,大家认为应有个工会来负责,德方的老板就同意了,于是成立了工会。所以说,该企业工会从一开始就主要承担非生产经营事务。

从该企业工会的活动方式,即可看出工会基本上就是发挥福利职能,即工会提供了一个平台来解决企业中员工的一些福利和生活问题,包括活跃企业内部的人际交往、帮助解决员工的临时困难等。虽然XZS介绍了工会可以稍微帮员工在福利方面多争取一些好处,但这也只是局限在福利上让员工与老板进行适当的协商。而公司对工会的重视，也主要是将其看作一种比较好的沟通平台。以旅游为例，他们公司每年有一次旅游，如果员工不想去，那还得请假，或者得上班，否则就扣假。之所以这样，也是希望每个人都能参与，通过旅游让员工沟通感情，而且没有任何的等级观念，出去的食宿标准是一致的。

> 我们工会不是专职的，都是兼职，两年一换，大家也是通过民意评选，各个部门推荐一个人，票数最高的当选，而且大家都选那种比较活泼的，愿意做好事的。我们公司一旅游，他们可辛苦了，这些经理、老板可省大心了，都是他们工会这几个人操持，咨询，旅游团，去哪儿，路线，老板就是付钱。所以挺民主的，去哪儿工会征求工人的意见，大家每回都选最远的，最好的地方，然后就跟老板谈判呗，他们就说什么好，特别好，行，特批，就去了……首先工会组织一年一次的旅游；第二组织员工的活动，每周或者每个月有一次活动，像到俱乐部打球，家属都可以参加；第三员工有什么问题，可以向工会去提，然后工会可以代表员工的利益去跟老板去谈，上次我们同事的爱人得癌症，挺困难的，然后就跟工会说了，工会就发动员工去捐献，老板带头，大家都捐献。工会一般提出来，他不反对。过中秋节，工会提出来买月饼，老板就说，你们中国的国情，没问题，批下来钱。还有过生日，这是我们合理化建议提出来的，大家提出要体现出公司关心员工，每个人过生日要送个小礼物，送一个小贺卡，我们一直在这样做，都做了3年了。

如果说在该合资企业中，工会能够作为一个劳资间协商的平台，那么也基本只是围绕福利问题，而没有扩展到企业管理的其他方面，尤其是制度设置或冲突矛盾的处理上。实际上，在外资或合资企业中，通常有比较系统的、完善的制度体系来安排和处理企业的各种生产经营事务，就我们所关心的人事问题，这种类型的企业中的人力资源部门有比较系统的筛选、考核、评估、培训、晋升、奖惩措施，因而他们很少考虑让工会参与企业的行政事务。因此，他们只是希望工会作为一个辅助性的角色来帮助处理企业中的非行政事务，通过搞一些活动、发放一些福利来帮助融洽企业内部的社会关系和工作氛围。需要说明的是，在这家合资企业中，德方是占主导力量的，可能这是影响工会工作的一个重要原因。而我们接下来要介绍的中法合资企业AB则不同，中法双方是对等的力量，同时中方也希望通过工会来争取一些权益，因此，在这种合资企业中，工会的作用就有所不同。

2. 中法合资公司AB的工会工作

前面介绍过，该公司在股份上中方和法方都是50%，但是据他们强调，由于财务定点的一个要求是要超过50%的股份，而双方都是50%的股份，所以不能定点，从而给法方加了1股定点，公司就变成50对50加1的形式，但是这并不表示法方成为控股者，他们的公司章程也非常清楚地写明了是共同管理，并没有因为这一票而使法方成为控股方。但是，正如该公司的副总裁指出的，这种做法公布出来之后，却被理解为法方控股，尽管从法律上来说并非如此。正因为这种"误解"，使得实际运作上出现一些困难，而且公司的总裁也确实是法国人，这更易造成法方控股的假象，所以中方在开始时就比较周到地考虑到了这个问题。在公司成立时，就在一些地方找平衡，其中一个非常关键的做法，就是在公司成立之初，中方向法方争取到了党委和工会在公司中的正式地位和编制。

谈判的时候就考虑到中方的利益如何去保证，就考虑到党组织还可以在这里发挥作用。其实这是一个战略考虑，当时谈判的时候说，我们党委要有6个人。总裁是个法国人，确实大老板还是有这种魄力，哎，没问题，就设了党委。我们自己当时还是有个小算盘。包括谈判过程，我们这个委员会，现在董事会有三个委员会，有一个人力资源评估委员会，一个金融办战略委员会，还有一个审批委员会，这三个委员会当时也是考虑到中方利益如何能得到保证设置的。因为总经理是外方的，然后各个业务集团都跟外方是对应的，你如何控制公司的发展和战略，财务也都在经营层面，也是老外，在这种情况之下，也是经过谈判之后，把人力资源的政策，公司发展重大的投资问题，还有一个就是审计，这个是独立于经营层之外的，这三个现在都比较好地发挥作用了。

他们成功的模式在于，公司谈判初期，他们分别为党委和工会在公司中争取到了6个和8个正式编制。这样，其实中方在公司正常运营体制之外，还拥有了一套由党委及其领导的工会、团委构成的管理系统。党委委员有10多人，由公司300多个党员员工投票选举产生，这些人基本上就是公司中方主要领导人，比如公司董事长兼任党委书记，这样，一方面他在整个公司正式运营架构中是董事长，同时他又是党委书记，可以领导公司的党员。其中工会主席也是党委成员，这样又可以通过工会系统进一步增强中方的谈判力量。在他们看来，过去的工会更多的是组织活动，给大家弄点福利。但现在的工会，则比较注重发挥《工会法》赋予它的权利，一方面保护员工的利益，另一方面，介入中外双方的利益协调。

党委和工会是一起。党委和工会搅在一起，实际上算一家人，党领导工会嘛，但是外方不认党委，他认工会，所以正式跟外方谈，都是工会谈，工会谈完了他会和党委书记谈。关于这点我们公司高层对这个也有研究，在工作方式上也讲究，事实上工会去找他们之前，中方这边已经开了会，已经集中了意见，集中了观点，让工会出面去跟他谈，还是走正常的渠道。关于员工的待遇，董事会上争执不下的时候，党委书记负责工会，先敲打敲打总裁，实际上工会主席，客观上他还向党委书记汇报呢，党委书记领导他的。

所以，中方经常定期召开会议来研究一些比较大的策略问题，各方相互通报重要事务，通过分工和相互配合与外方进行利益的平衡，以保证中方合理的利益。而且，他们公司的党委部门还特别注重具体的工作方法和策略。比如他们的党团工作或会议基本都安排在业余时间进行。以共产党员保持先进性活动为例，公司党委都是将活动安排在下班后的时间，每天下午5点一刻，开一个保持先进性总结会，全部的300多个党员都不占用上班时间开展此项活动。不仅在这个特殊活动方面如此，在平时的党支部会议上，也是如此。在支部会议上，进行有关公司业务的讨论，形成统一的步调。这种方式和策略，确实让法方无法挑剔。据被调查者说，他们公司党委的这套运作模式已经得到国资委的赞赏和肯定，并且被通报表扬，也被上海市经济建设委员会树为典型。

具体在维护职工合法权益上，工会也适当地发挥着一定的作用。当然，工会能发挥作用，一方面与公司原有的国企传统有关，而且毕竟这家公司受到国家和地方政府的重视，另一方面也与该企业的法方对工会的认同有关。比如，在面对大规模的裁员问题上，该企业工会维护职工权益职能就体现出来了。该公司就曾发生过一起是否要裁员的事件，该公司的人力资源部经理和副总裁给我们讲述了当时的情形。

譬如说裁员的事情出现，（如果）人力资源部去，他们说你们站在中方的利益，或者你们站在什么利益上来反对我这件事情，工会就跟他讲，我们员工的合同现在是一个什么样的状况，我们国家有什么样的政策，在这样的前提下你可以做什么事，不可以做什么事，就不一样了。现在就在发生（裁员的事）。前几天工会找总裁非常正式地谈一次，就说，听说有传闻，公司业绩不好要削减人员，按照我们现在什么情况下，你们管理层要慎重考虑。但是工会又不能说你不能，工会说，你最好不要裁，如果要宣布裁员，按照中国的法律，如果公司进入裁员状态，就不能对外招聘，我们实际上又需要补充一些新的人，工会建议说，你真要减一些人，你可以按照定业绩的方法。就是说工会要谈，也不能一味不讲理，员工一个都不能走，那你说不过去，我们建议你不能减人，如果一定要减人，也不能用裁员的方法，按照这个程序要宣布，要多少时间，至少在三个月之内，你什么都可能做不成，老外一听，挺有道理，还帮我考虑，那他就同意了。

工会在该公司中也发挥着比较重要的凝聚员工情感的作用，通过举办一些文体活动，协助公司的一些协会社团活动，还有和党委、人力资源部门共同设立一些帮困基金等，都积极主动地让员工在企业中感受到互助、交流和参与的体验，提高员工的认同感和投入感。

在情感凝聚上，工会起的作用比较大。我们每年有运动会，准备明年还要搞艺术节，我们的运动会搞起来耗资巨大，都是请电视台的节目主持人在这边去做，然后我们还有三四十个协会，网球协会、高尔夫协会、桥牌协会，自己选，然后交300块钱的会费，公司工会再贴300块，一年可以得到600块娱乐上的回报。没有什么特殊目的，但是总体上我们希望有兴趣的人经常在一起交流，比较积极健康。还有我们党委号召和人力资源部、工会办了一个帮困的基金，帮助内部员工。譬如说，每个人捐出自己半天的工资，上网，你自己一点，人力资源部就自动把你这半天工资扣除了，进到一个帮困基金账户，这个基金就给你捐钱的人，譬如说，大病呀、意外呀、家庭困难，这是有组织的活动。像我们单位里有一个员工去世了，我们经常给他孩子捐点钱，譬如我们共产党员保持先进性教育活动，我提议，我们捐点钱吧，反正随便一捐，都是1万多块钱，给他家里送去。这些还是感觉有一些情感。（工会）会费不是主要的，有一个行政拨款，工资总额的百分之几拨来做工会的钱，钱多得不得了，我感觉起码在2000万元以上。现在工会越来越强，它扮演职代会的角色。

最后一点就是该公司的工会同时也要维护公司正常的生产经营环境，比如当公司辞退员工时，工会需要出面去替公司做个别员工的工作，进行调解。该公司有一个末位淘汰制度，淘汰率曾经是10%，后来变成5%，在员工末位淘汰之前，有一个二次培训机会，如果培训后再考核不合格，那么就必须淘汰。由于该公司人数非常多，即使5%的淘汰率，一年平均下来也有180多人。所以，一方面是人力资源部门要在操作上化解这种集体力量，采取一种分散操作的方式，每两三天解聘一两人，另一方面如果有员工意见特别大，那么就由工会出面来进行调解。之所以工会扮演的是一个向员工做解释或做一个息事宁人的"和事佬"，那是因为在解聘时，公司会根据相应的法律进行经济补偿，所以，工会就不需要再去为被解聘的员工争取补偿金了。

从我们调查的合资企业来看，由于企业效益非常好，员工的综合素质比较高，在这种企业中很少有严重的劳资冲突问题，那么工会工作也自然具有不同特征。前面的分析表明，企业工会首先发挥的是福利职能；其次，在这种合资企业中，企业工会成为中方与外方进行协调的一个重要途径。当然，我们调查的企业，其外方都有自身的一些工会传统，所以也认可企业中工会的地位和相应权利，从而中方可以通过党领导工会来争取一些权益，工会也能发挥《工会法》所规定的那些维护职工合法权益的职能。

四 小结：企业工会的功能

前面已经分别介绍了我们课题组所调查的不同类型的企业中工会工作的具体内容和方式，现在我们有必要对企业工会的功能进行更系统的整理，这样我们才能进一步回答下一个问题，即企业工会的功能对于企业组织的运作来说究竟意味着什么。本节作为一个小结，首先是对劳动关系以及企业工会的性质和现状进行说明；其次是我们把企业工会所发挥的各种职能进行汇总；最后我们将就这些职能对于企业组织的功能进行系统整理。需要说明一点，我们的这个小结是以我们所调查的企业工会工作为依据的，而这些企业通常都是处于良好的发展势头或者已经进入了持续健康发展时期，所以有很多在其他企业中出现的劳动关系问题，可能在这里不会出现，从而企业工会工作（至少是对它的期望）自然有所不同。对于这点，我们在本书的第四章中会有更进一步的讨论。

1. 劳动关系现状及企业工会的性质

徐小洪（2004）曾总结出有关劳动关系性质的三种主要理论，即"劳资一体论"[认为劳资双方的分布是市场经济自由竞争的结果，二者的关系，是一种昨日的劳动者（资方）与今日的劳动者（劳方）结成的伙伴关系，并无根本利益冲突]、"劳资对立、冲突论"（认为劳资关系实质是阶级之间的剥削与被剥削关系，即使当管理得到改善、工资福利待遇得到提高时，这些也被看作只是缓和阶级矛盾的手段，没有改变实质关系）和"劳资互利论"（认为劳资关系双方有各自的利益，而且彼此间不可避免出现矛盾，但双方又往往有着共同的利益，因为各自利益的实现要以生产效率为基础，所以双方可以在承认各自利益的基础上进行合作、协商，提高生产效率，实现双赢）。虽然有不少研究者认为，有关劳动者"与企业共命运"的说法似乎并没有什么根据（冯钢，2005；2006；许晓军，2006；许晓军、李珂，2006；刘元文、高红霞，2003；广东省总工会第四课题组，2004），但是也有不少研究者认为，目前的劳资关系正在逐步走向一种"劳资两利""公私兼顾"的双赢局面，从而企业工会的目标在于促进企业"利益共同体"的形成和发展，所以企业工会应该既要维护员工利益，也要维护企业的整体利益（王根宝，2003；刘卫东，2005；张国祥，1994；江苏省总工会课题组，2004；吴强，2006；叶迎春、夏厚勋，2005）。而且从员工角度来说，有些调查研究也表明不少员工也开始认同这种"劳资互利论"，并且认可"工会既为工人，也为老板干事"（徐小洪，2004；刘晴、简洁，2005）。

从我们调查的情况看，对于那些已经走上持续健康发展的企业来说，"劳资互利论"更具有合理性。不管是企业方还是劳方，都认识到了双方虽然存在一定的利益矛盾，但更多的强调彼此间的共同利益。所以，在承认各自利益的基础上进行合作、协商，提高生产效率，实现双赢是劳动关系双方所共同期望的。不过，这种关系状况，就目前我们所接触到的企业情况来看，似乎并没有发展出理论上所设想的劳动关系协调方式，即资方会主动地去设立工会，并且认可工会的独立自主性，然后与其进行平等协商或集体谈判，来解决劳动关系双方所关心的问题，尤其是关系到劳方切身利益的问题。即使是对于我们所调查的发展状况非常好的国有企业来说，企业工会也还没有发展成这种理想模式。

从这个现状来说，企业工会并没有成为人们所想象的那种具有一定独立性的员工"利益代表组织"（冯同庆，2002a）；而且也不能完全用"中介组织"来形容，因为企业工会缺乏中介组织应具有的一定程度的独立性和自主性，同时企业工会往往是比较多地站在企业的行政方去发挥协调和辅助的职能；更不能用"人格化工会"或"能动的行动者"来形容（佟新，2005）；而"法团主义"模式似乎能概括这种运作方式（张静，2001b；Chan，1993），比如企业工会更多的是"作为一种被整合进行政系统内的协调性助理而工作"，工会在角色定位上更多的是作为工作/执行机构，其目标在于促进职工和行政人员之间的信息交流和感情交往，不断强化单位意识，增强内聚力和对单位的依赖，等等。不过，我们的调查结果并不支持以上种种观点，而且，在本研究中，我们更多地关注企业工会实际发挥的各种功能对于企业组织的意义。所以，我们不是将企业工会作为一个独立组织来看待和研究，而是将其视为一个次级组织，放在企业组织内部（这个初级组织）来考察和断定。

从我们的研究来看，企业工会不同于产业工会，虽然有时企业方会组织一些员工代表进行平等协商，比如参与企业内部的规章制度的制定，但是，企业工会并没有被期望成为一种动员员工采取集体行动的组织,也就是说,企业工会的主要行动方式并不是以集体行动为后盾的劳资谈判。相反,一方面企业工会基本上会采用一些措施来分散那些可能存在的集体行动的力量,另一方面,企业工会将协助企业行政设置出一些利益诉求的渠道,同时也会采取一些比较个体化的方式来帮助解决问题,比如工会会帮助员工向上反映意见,也会对员工进行一些解释,帮助行政缓解来自下层的压力,并且会针对个别员工采取"做思想政治工作"的方式去劝说,等等。对于目前工人阶级处于弱势地位的处境,如失业的威胁、劳动报酬的减少、劳动时间和劳动强度的增加、劳动安全保护减弱等,虽然通过组织集体行动是一种可能的解决办法,但是,似乎企业工会并不适合扮演这样一个组织者的角色,因为就目前企业工会的自身建设来说,我们很难看到这样的机会。相反,从早期中国工人运动的成功经验来看,似乎产业工会、行业工会或地方工会倒更应该扮演这样的角色,帮助工人提高其劳动组织能力,改变"强资本、弱劳动"的被动局面。

同样,从企业自身的可持续发展来说,企业自身也需要去化解企业内部可能出现的紧张的劳动关系,以实现自身的组织团结,这样才能使企业获得稳定的发展基础。而这首先需要企业工会促成员工对企业的认同、归属和承诺,而不是采取对立、对抗的姿态。虽然像有的研究者所指出的那样,不能让员工的认同仅仅局限于企业内部(冯钢,2005;2006),但是,员工也必须实现一定程度的组织认同,才能获得自身与企业的共同发展。企业工会所要承担的责任更多的是实现员工的社会整合和促进其对组织的认同,而超越企业组织的社会认同,则需要那种超越企业组织的更大的组织(如行业工会)作为载体。

所以,正像《企业工会工作条例(试行)》中所指出的那样,企业工会应以"促进企业发展、维护职工权益"为原则,以"规范有序、公正合理、互利共赢、和谐稳定的社会主义新型劳动关系"为目标，实现企业内部劳动关系双方的"共赢""合作"，而非"对抗""冲突"。因此，企业工会就必须以企业的生产和发展为中心，对员工进行动员、鼓舞、教育和激励等，在此基础上去维护和改善员工的利益，这一点，在早期工运领袖（如李立三、刘少奇、赖若愚等人）那里就已经得到明确和强调了[①]。

2. 企业工会的具体职能

根据我们调查的企业情况，可以将企业工会的具体职能整理如下[②]。

（1）各种福利生活方面的职能。这是工会的传统职能，有各种形式：可以发放各种生活福利品，比如逢年过节发放一些生活用品和实物，还有像被调查者经常提到的给员工过生日送生日蛋糕；可以组织文体娱乐活动，比如组织体育比赛、艺术节、文化节，或者一些重要节日举行欢迎仪式或联谊活动，或者将这些活动与一线的生产结合起来开展，像组织一些班前会慰问活动、建"小家"活动；可以组织帮扶互助，比如像职工家中出现重大事故时进行慰问和帮助，设立"互助金""寒窗基金"等；可以组织优秀员工旅游；可以改善生活条件和提高工作便利，比如督促行政建设员工宿舍和大学生宿舍、办食堂或提供免费工作餐、免费住宿、提供交通设施，还有像改善劳动条件和发放劳保用品等；可以组织员工技术比武、评选优秀员工并进行奖励，进行全员的培训；等等。

这些职能能带来很多积极效果，比如通过开展各种文体活动，可

[①] 具体可以参看附录一中总结的早期工运领袖论工会工作的内容。
[②] 此处是将前面的各种职能进行整合，所以前面各节中注重比较细致的梳理，本节注重系统整理，所以在内容上，则把相关职能综合在一个类别下。

以促进员工融入集体,让员工有被接纳感和参与感;通过组织帮扶互助,让员工感到组织内在集体情感,并产生对集体的归属感;通过组织员工技术比武和优秀员工评比,让员工有机会参与到与其自我发展和自我实现有关的活动中,同时这也让员工感受到企业对于自己的认可和承认,也间接地起到了动员的作用;通过例行的班前会建设或组织慰问活动等,可以发挥动员和鼓舞士气的作用;经常发放各种福利品,包括改善劳保用品和设施,也能让员工感受到企业对自身的关注,提高其认同感和满意度,或者像有的员工给我们讲述的那样,经常发些东西带回家,感觉也挺实在的,相比别的企业不怎么发,自己自然感到满意了。总体上,这些福利职能,可以给员工个人带来较高的满意度,也能在员工中增进集体情感、集体认同和集体归属感。

(2)组织职代会和参与规章制度的制定。这也是企业工会的一个传统职能,因为工会是职代会的工作机构,而且职代会在传统国有企业中具有很大的影响力。虽然目前职代会的影响力已经弱化了,但是,职代会或其他民主管理形式,仍然在各个与企业相关的法律中得到强调[1]。这些民主管理形式是企业内部规章制度获取职工认可的一个比较重要的途径。

在前文的职能介绍中比较详细地介绍了不同企业中工会的该项职能。一般而言,在一些比较重要的问题上,企业工会会组织员工(通过员工代表)参与讨论(也许会采取职代会的形式,也许会采取民主座谈会或其他形式):其中有的围绕企业的重大生产经营规划,比如上什么重大项目、进行什么重大投资或引进何种技术等;有的直接涉及企业员工的切身利益问题,比如关于医疗保险问题、劳动保护设施、

---

[1] 比如《公司法》《工会法》《集体合同规定》等都强调了企业要积极发挥职代会或其他民主形式的作用。

员工福利等；有的则围绕企业内部的行政制度，比如干部任免制度、员工的奖惩制度、分配制度；有的是表彰好人好事，评先进个人、优秀员工，以及先进车间等；另外还有像选举职工监事、职工董事，通过集体合同；等等。

这些职能所带来的积极效果对企业组织的运作是非常重要的。让员工参与企业的经营发展计划和目标的规划或者让其对此有所了解，从而使其有一种建议权或咨议权，这样就能实现一种信息的传递或桥梁纽带作用，员工对于自己参与的这些规划更能认可和接受；规章制度的参与制定，同样可以让其得到员工的承认和接纳，获取合法性和权威性，包括让员工参与对个别员工的奖惩的讨论，也能进一步对组织中的制度和规范进行确认，并巩固劳动纪律，从而更好地规范员工行为；对员工或团队的奖励，也让员工具有成就感和被承认感，从而提高其积极性和投入度。总体上，这种参与提供了一种制度化的利益表达渠道。

(3) 组织合理化建议活动与信息传递。组织合理化建议活动，围绕企业生产、经营、销售、物资管理、成本控制等各方面的"小改小革"和技术进步，进行一种全体性的群众动员，这是国有企业的一个优良传统，还包括组织一些生产竞赛或劳动竞赛、技术革新、先进生产者运动等活动，这些方式曾经被认为是新中国成立初期国家建设的基本方法[①]。之所以如此，一方面与早期缺乏经济人才和管理人才有关，另一方面这种机制本身就是重要的动员方式，能提高员工积极性和生产热情，从而可以提高劳动生产率、降低成本、提高质量、改善操作条件、保证生产安全等。从员工的角度来说，参与提合理化建议、

[①] 1953年，赖若愚在第二次全国工会基层工作会议上的总结报告《加强工会建设，深入劳动竞赛》中就指出，"劳动竞赛是我们国家建设的基本方法"（中国工运学院，1987：217）。

生产竞赛和技术革新活动,也是其自我实现的一种重要方式。

组织合理化建议可以看作是员工围绕企业的生产经营方面所进行的信息的传递和沟通。组织职代会或参与规章制度制定工作,也是一种信息的传递,但这是比较正式的和制度化的,且也不是日常性的;组织一些福利活动也有部分的信息沟通,但是信息面比较狭窄,所以就需要有其他的日常渠道,能实现下情上传和上情下达。当然,我们这里所说的日常渠道,并不包括企业行政系统的正式渠道。从调查的结果来看,像员工接待日、座谈会、劳资协商会议、听证会、民主管理小组、公开栏、厂情发布会等(王如华、孟庆文,1999),这些渠道提供了一些不同于企业行政系统的且非常直接的信息传递方式。通过这些渠道,一些个人生活问题、工作问题、中层干部的管理方式或工作方式不当问题,工作程序不太规范的地方或技术问题,安全隐患问题,生产设备问题等,都可以或多或少得到妥善地解决。这样,也是为了能让员工对个人生活、工作条件、工作环境等感到满意和认可。

(4)协助和协调企业行政。企业工会在这方面的事务通常被简单地称为"润滑剂"作用,不过我们需要明确地界定这种职能。通常所说的协助企业行政,是指企业工会是行政的"助手"或"辅助部门",而且这样说时还带有一些"否定"的意味,认为企业工会成为行政的"附庸"。我们这里指的是企业工会积极协助企业行政处理非生产经营方面的事务。这包括帮助行政去处理一些"麻烦""琐碎"的事务,其实企业的福利活动,也属于这方面的事务,不过这些事务同样也应该是行政的事务,毕竟从人力资源的配置和激励角度来说,也需要这些活动来提高积极性。但是这些事务主要让企业工会来承担,因为它的工作方式比较适合从事这方面的事务。还有就是帮助应对企业中可能存在的潜在风险或潜在成本,像一些企业中让工会去负责消防、卫生、安全检查等事务;还有就是帮助处理企业矛盾,尽量将其化解在基层，减少对企业秩序以及社会秩序带来的冲击和动荡（东风，1997）。像我们调查的 LK 集团工会甚至承担了劝阻上访、帮助组织再就业工程等，强调的是稳定第一，所以企业工会也担负着应对群体性突发事件的责任（陈光耀，2006）。还有像协助困难职工申请最低生活保障，建立帮扶中心以缓解可能出现的矛盾（沈伟，2004），等等。

不过我们还需要特别说明的一些非行政事务，就是企业工会协助企业行政去应对外部制度环境要求，进行职能的对接，从而发挥一些额外的社会职能。比如像 LS 企业工会还积极响应国家提出的"和谐社会""节约能源"等活动。不过，应对外部制度要求并不一定就是一种负担，更多的时候，企业工会帮助行政去谋取一些对口的资源或名誉，比如"职工五星级之家""文明单位""诚信单位""卫生企业"等称号，应对来自外部市场的二方认证或三方认证，从而获得订单或产品市场。而且这些措施或制度也同时关系到内部劳动条件方面的改善，像劳动保护措施、安全卫生设施，以及劳动关系的协调和平衡等，从而可以间接地帮助企业行政协调内部劳动关系，适当增强其动员和组织能力，提高员工的满意度和认同感。

企业工会也会去协调企业行政内部的结构性矛盾，这就是在行政结构内部充当了"润滑剂"作用。像在前面提及的车间主任之间的不满，或者车间主任对副总的不满，不同部门之间的冲突等，这些结构性矛盾可能通过工会这种比较灵活的部门得到协调。因为工会并不与其他行政部门发生这种结构性矛盾，他们是处于不同的组织结构系统之中的。

以上是我们从经验调查中总结出来的企业工会的主要职能。最后我们对企业工会与企业行政的关系进行简单的分析。因为这与我们接下来要分析的问题密切相关。其实李立三、刘少奇、赖若愚等早期工运领袖对于企业工会与企业及企业行政的关系有比较多的讨论和分析，这种分析到现在仍然具有很重要的参考意义，我们可以借鉴他们的分析，来简单阐述二者之间的关系。

首先在职能的侧重点上，企业行政更多的是以经济核算制为基本原则，对企业的整个生产经营负责，从效率（效益）的角度来确定企业的生产计划、财务计划、专业分工、技术和组织措施、工厂规则和劳动纪律、人力资源配置等，在这些事务上，用李立三的话来说，只要谁能提高生产和减低成本，谁就是好厂长[①]。而企业工会的职能侧重点在于动员和激励工人去配合企业的生产经营任务或者努力完成企业行政所确立的整个生产经营安排，同时也要维护工人的合法权益，提高和改善工人的劳动条件和日常生活福利，这本身也是对员工的一种激励。所以，工会的工作可能不像行政那样系统有序，而是似乎显得很庞杂、散乱，诸如动员与组织群众积极生产、组织合理化建议和技术创新活动、规范工人行为和保障劳动纪律、组织工人参与管理规则的制定或通过、在增加生产的基础上改善工人生活条件、组织工人互助、组织工人技术和文化学习、加强劳动保护等。这些看似非常琐碎的和庞杂的职能，却是维系组织内部社会整合的重要途径。

其次在工作方法上，可以用赖若愚的说法来做一个简单区分，即企业行政是自上而下的安排和设计，工会是自下而上的动员和组织[②]。一个是强调统一指挥、令行禁止、实行完全的厂长负责制，一个是强调多渠道参与和讨论、注重工人的社会行为和社会心理状况（不仅是针对工人个体，也针对工人群体），而且非常强调工人的民主意识，

[①] 具体参见李立三在1951年3月第二次全国电业会议上做的《行政与工会的关系》报告，载于《李立三赖若愚论工会》（中国工运学院，1987）。

[②] 具体参见赖若愚在1957年9月3日的《在全国工会积极分子代表会议上的总结》报告，载于《李立三赖若愚论工会》（中国工运学院，1987）。

在这方面就像李立三强调工会内部民主化所说的那样,工会干部必须选举、工会的问题必须经大家讨论、工会的事情必须大家来办①,这样才能真正让工人对企业事务具有热情,各种规章制度也才能获得群众的认可,从而对企业组织产生认同、归属和承诺,这也是企业的生产经营规划能获得认可和接受的前提。所以,员工的积极参与具有重要的意义,就像刘少奇所说的,跟员工商量了,让他们参与了,即使没有最终决定权,他们也会容易接受企业行政的决定,他们也容易理解和照顾行政的困难,否则,员工始终会觉得不满意,甚至会以对立态度来面对行政的计划和决定②。

将企业行政与企业工会的职能和方法结合起来,才能真正促成企业内部的生产经营与管理的科学化,用共产党早期企业经营管理经验的概括,就是"工厂经营的企业化"与"工厂管理的民主化"③。

3. 企业工会功能与企业组织运作

前面已经指出,对于企业工会的研究,应该更多地从企业组织的层面来考察。本书的研究路径也正是希望通过以企业工会工作作为切入点来研究企业组织内部运作问题,所以,我们在此可以进行一个抽离工作,即将企业工会的各项功能与其载体(即工会组织)分离开来,然后专门考察这些功能对于企业组织的运作所具有的重要意义,以此我们能更好地理解企业组织的内部运作机制和逻辑。这实际上也就是对前面工作的进一步概括。

---

① 具体参见李立三 1949 年 8 月在全国工会工作会议上所做报告《关于工会工作问题》,载于《李立三赖若愚论工会》(中国工运学院,1987)。
② 具体参见刘少奇于 1949 年 5 月 5 日在华北职工代表会议开幕式上的致辞《关于工会工作问题的报告》,载于《李立三赖若愚论工会》(中国工运学院,1987)。
③ 1944 年 5 月 20 日,刘少奇在陕甘宁边区工厂职工代表会议上的讲话(中华全国总工会政策研究室,1986a:102)。

（1）员工个体层面的满意度（其反面即不满意度、相对剥夺感等）和认同感及归属感的问题。现有研究强调了员工参与管理可以提高其对企业的归属感和认同感（戴春，2004；苏晓红、侯朝轩，2004），那么具体来说，这些是怎么在企业中得到实现的呢？这个其实就关系到员工的自我意识结构问题。

员工对企业的满意度和认同感，首先来自自身感受到的被企业组织的接纳感和融入感，这是各种文体活动所想达到的目标。其次是能让员工感受到自己在企业中受到重视、认可、承认，并且能找到自我实现和自我发展的领域或途径。企业组织进行的对员工或团队的奖励，组织提合理化建议、生产竞赛和技术革新活动，以及在这些过程中组织员工技术比武和优秀员工评比，一方面是为企业自身的发展考虑，另一方面也能让员工积极参与，在这过程中找到自我发展和自我实现的途径，并获取自身的成就感和荣誉感。再次，员工在企业中能够感受到一种归属感和集体感。这在员工之间的互助、帮扶中逐步产生和发展。最后，对于一些比较具体的个人生活问题（如家庭困难）、工作问题（如工作程序不太规范的地方或技术问题）、社会关系（如与中层干部的关系或一些干部管理方式不当问题）、工作环境（如生产设备或安全设施问题），各种接待日、座谈会、民主生活会、经理信箱等日常信息反映渠道，可以帮助员工适当地解决这些问题，这也能够促成他们对自己的生活和工作的满意和认可。此外，像发放各种福利品，包括改善劳保用品和设施等，也能提高员工的满意度和认同感。当然，也许正如有的研究所指出的，组织福利对于组织团结的意义，首先是作为防腐剂，然后才是诱导剂（李汉林、渠敬东、夏传玲等，2004：107），或者用赫茨伯格的概念，福利提供的是一种保健因素（转自李春琦、石磊，2001）。但这些确实构成员工满意度的基本前提。

（2）企业组织中的集体情感和集体共识问题。不少研究已经指出意识形态对于企业组织的重要影响（诺思，1992；李汉林，2004；李汉林、渠敬东、夏传玲、陈华珊，2005；2006；林毅夫，2003；等等），我们更多的是希望理解企业中意识形态或集体情感和共识是怎么产生的，又是如何被接受和承认的。

一种共同的情感和意识，首先必须有一种大家共同参与的平台或领域，让大家有投入感和参与感，这可以是通过各种集体活动带来一种集体氛围，包括各种文体活动，各个企业举办这些活动的目的就是希望能促进集体情感和归属感。不过更关键的是要能提供一种制度化的利益表达渠道，让不同的利益和要求能够相互协调和沟通，并且形成共同的规范与制度，通过这种利益分配、规范确立和决策参与的过程，对劳动关系进行协调，从而形成合作共赢的劳动关系（郭军，2004；程延园，2004b）。而且规章制度的这种参与讨论和制定，可以提高其合法性和权威性，从而为员工所认可和接受，达成基本共识。还有就是通过一些厂务公开的途径，如经济分析会、职工董事、职工监事、职代会等形式，让员工对企业内部的各种重要事务有必要的了解，这也容易让他们动员和组织起来，形成一个主动的关注和投入。还有通过组织参与各种规范的实施问题的讨论，比如前面介绍过的对身边员工的惩罚的例子，这是一个对现有规范制度的确认过程，可以巩固劳动纪律，规范员工行为。总之，这些都是促成企业组织中集体情感和共识的重要举措。

其实我们总结出来的举措，基本上是在企业生产经营的统一行政系统旁边所发生的，与企业的行政系统处理的事务相比，这些运作相对来说是非正式的、非结构性的，但其实都被吸纳进企业组织的正式运作结构之中，这些也就都构成了企业组织运作的内在组成部分。而相反，如果缺乏这些运作方式，那么企业组织中就容易产生出各种非正式的组织或结构来对抗企业组织的正式结构，容易导出通常组织研究中所"抽象"出来的一系列的"二元对立"，比如管理者与工人、理性与情感、正式结构与非正式结构、组织效率与个人需求等的对立（费埃德伯格，2005：31；另外参见科塞，1989：38-39）。而且企业组织中还必须通过这些运作方式来协助正式结构（通常表现为官僚制这种现代组织形式），以"润滑"和协调内部各部分的结构性矛盾和摩擦，还可以进行一些技术上的、管理上的、经营上的各种创新，既可以帮助促进组织内部整合，也可以帮助提高组织效率。此外，很多非生产经营方面的事务的处理（如安全、消防、卫生、组织再就业、应对突发事件等）也需要组织采取相应措施去处理，包括应对外部制度要求和争取对口资源等。

我们可以将上面的一些机制进行更简单的概括，就是在企业组织中，必须有一系列的机制和方式来提高个体员工的满意度和促成其对组织的认同感、归属感，乃至对组织的承诺；促进企业组织内部的集体情感和共识的产生；以及提高企业组织内部制度与结构的合理性、合法性和合情性；并协助和协调组织行政结构的运作。这些利益协调、诉求表达、矛盾调处、权益保障等机制，能把员工的合法权益"实现好、维护好、发展好"，才能既提供服务、反映诉求，又规范行为，实现组织内部的社会整合（王兆国，2005）。

第三章
员工参与和组织认同

  前文对于企业组织中企业工会功能的研究,已经指出,企业工会能够帮助提高员工的满意度和组织认同感、归属感,同时也能够促成企业内部的集体情感和共识的形成,并且能够对企业组织内部的制度与结构进行协调,提高其运作的效率和合法性。不过,相对来说,我们比较多地在讨论后面两个方面的问题,尤其是企业工会组织和动员员工参与企业规章制度的讨论与制定。在本章中,我们将进一步论述员工的满意度和组织认同感、归属感问题,并主要从员工参与的角度来切入。实际上,在对企业工会进行考察时我们就已经讨论过员工参与问题,而且员工参与问题正是从企业工会中有关利益表达渠道、合理化建议活动、规章制度制定的参与等问题中引申出来的。所以本章将围绕组织认同的实现来详细论述员工参与,我们也希望通过这样的分析,更好地认识企业组织中员工的自我意识结构及其与组织认同的关系。

一 员工参与和组织认同

  组织认同在组织研究中是一个重要领域,有大量的文献对这个问题进行了分析①，包括组织认同的界定、前因后果、类型等②。此处的研究重点是从员工参与的角度来考察组织认同的具体过程和逻辑，进而提出有关企业组织内在性质与运作逻辑的一些问题。因此，我们不对组织认同进行太严格的界定，而是比较宽泛地将其界定为组织成员对组织所具有的满意、认可、归属和承诺，即成员对组织的各方面表现出一定的满意度，能有一定程度的归属感和依恋感，并且在暂时缺乏报酬的情况下，仍然对组织做出投入和付出，并表现出一种承诺。

1. 员工参与和组织认同

在第一章中我们已经对有关组织认同和承诺方面的研究进行过简单的整理③。我们借用组织认同的三要素观点，即情感的归属、成本的权衡和价值的规范（Allen & Meyer, 1990）。而且我们特别强调了不能简单地用一种理性选择模型来理解组织认同，特别是其对自我意识结构的理性预设不利于我们考察具体的组织认同过程。因为在这种理论模型中，认同过程就是一种纯粹的利益算计和博弈，但实际发生的过程并非如此。我们特别需要理解情感归属如何在具体的社会过程中

---

① 有关组织认同的研究，可以参考如下文献：Ashforth, B. E., and Mael, F., 1989; Wiesenfeld, B. M., Raghuram, S. & Garud, R., 1999; Lee, S. M., 1971; Hall, D. T., Schneider, B., 1972; Hall, D. T., Schneider, B. & Nygren, H. T., 1970; Wiener, Y., 1982; Brown, M., 1969; Scholl, R. W., 1981; Rotondi, T., Jr., 1975; Salk, J. E., Shenkar, O., 2001; Golden-Biddle, K., & Rao, H., 1997; 凌文辁、张治灿、方俐洛, 2001; 邓劲松, 2002; 张勉、张德、王颖, 2002; 陈咏梅, 2006; 韩雪松, 2006; 宝贡敏、徐碧祥, 2006; 邓雪, 2003; 张勉、李树茁, 2001; 季年芳, 2006; 刘小平、王重鸣, 2004; 贾良定、陈永霞、宋继文等, 2006; 王彦斌, 2005; 王金源, 2004; 陈世平、李斐斐, 2006; 等等。
② 有研究特别指出了要区分组织认同与组织承诺，认为前者只是一个认知意义上的概念，而不能将情感因素引入进来。不过本研究并不是要去对组织认同或组织承诺本身进行研究，而是从员工参与的角度对组织认同的社会过程进行考察。所以，本文在比较宽泛的意义上将组织认同和组织承诺、归属等都归在组织认同这一概念之下。
③ 具体可以参看第一章第一节"2. 社会学视野下的企业组织理论"部分，其中第11页注释②对组织认同研究进行了一个简单梳理。

得以产生和强化的,以及价值的认同及其引发的主动服从和付出,又是在什么情境下得到强化的。第一章中总结的影响认同的诸多因素(个人因素、组织因素、工作环境因素、工作回报、组织制度等)可能从不同的角度发生作用,但是要想理解其中的具体过程和机理,就需要从员工参与出发,分析员工在各种参与过程中是如何不断形成自己的目标,从而如何不断改变和重新调整自己的意识结构或预期的,在这过程中企业组织又是如何不断地提供了哪些渠道来满足这些预期的,这种互动的过程构成了员工产生组织认同的动态过程。我们再次引用 Allen & Meyer(1990)对三种不同认同因素的描述,"有着较强情感性承诺的雇员之所以留在组织中,那是因为他们想这样做(want to);那些有着较强持续性承诺特征的雇员则是因为他们需要这样做(need to);至于那些有着较强规范性承诺的雇员,则是因为他们觉得他们应该这样做(ought to)",我们的研究也就是希望能帮助理解员工为什么会"想这样做"、"需要这样做"或"应该这样做"。

在本研究中,我们参照了柯林斯对于"情境"概念的强调,即在分析成员的组织认同时,不能抽象地设定其目的或期望,然后去考察现有的手段是否能满足这种期望。也许每个成员都有一些期望,但是这些期望可能是模糊的、宽泛的(比如希望自己有个好的发展或前途),在其所处的社会环境或组织中才逐渐清晰化、具体化。同样,在企业组织中,每个成员也是结合自己的模糊需要,在企业的制度安排中寻找自己的现实目标和期望,如果这些制度安排无法使自己的原有期望具体化和明确化并帮助自己去实现这种目标,那么员工自然会感到失望和厌倦,也就会产生各种不满。所以,我们需要回到每个企业中,考察员工在企业组织中是如何找到自己的确切目标,并如何去实现这些目标的。这样,才可能理解其满意度和组织认同的产生过程。

对企业组织中员工参与的研究可以从很多方面入手,比如参与的外部环境或动力、员工积极参与的自身原因、企业推动员工参与的原因、参与的类型、参与的方式或渠道等，不过这里我们所关注的还是从员工个体的角度来讨论员工参与的动力或原因，以及对于组织认同所具有的意义。我们课题组曾经从员工的角度讨论过员工参与的动力机制。简单说，主要有以下动力：①员工为维护其在企业中的基本利益，从而积极参与到企业对其提出的工作要求和自我的安全保障活动之中，这样企业中的分工和协作本身也是一种参与；②企业根据内部的职位和制度安排，要求员工参与到其纯粹意义上的本职工作之外的其他业务中去，比如进入一些项目组；③员工为了实现自我发展，以加薪、晋升和职业发展规划为途径，积极主动参与到企业设计的制度安排或通道中；④因为员工所具有的社会价值理念或认同而形成的一种积极参与，即认为自己有权利或责任参与企业的一些事务。

我们这里重点关注三个方面的问题，一个就是自我发展空间与职业生涯机会。也许在单位制时期，社会理论中有关现代个体自我的那些核心概念，如期望系统、自我指涉和反思性等，都被非人格化的组织形式所屏蔽了，因而我们在分析个体的社会行动时，使用这些个体化的自我概念似乎不太适宜（李汉林、渠敬东，2005：17-18）。但是改革开放后，劳动力市场的发育与不断成熟，竞争环境的公平公正及可能机会的逐渐增加，个体流动的自由化，加上个体受教育机会及教育程度的提高，每个个体的自我意识系统也在逐渐发育和扩展，外在环境中机会和可能性的增加与多样化，意味着每个个体内在自我结构或人格特质的多样性和丰富性成为可能，自我内在不断深化和升华的可能途径也得到了很大的扩展。由经验上看，每个个体都希望不仅能在当下获得较好的利益，希望自己的工作能有公平的、令人满意的薪酬，而且更对自己未来发展持有一定的预期。这种冲动和预期，表现在企业组织中，便是期望能有一个职业发展的机会和前景。而且职业化和专业化构成了现代个体自我表现和自我实现的重要维度。

再一个就是个体的自我认同与组织认同的关系。改革开放后，虽然个体获得了很大的流动自由和发展空间，但在一定程度上，不稳定感、失落感和不安全感、相对剥夺感等失范状态或多或少地伴随而来（李汉林、渠敬东，2005），而组织认同与依恋，在很大程度上为成员提供庇护、支持、归属，所以企业组织应该成为社会认同和自我认同的群体或场所。而且自我身份在很大程度上是与其所在的组织相关联的；组织内在的社会支持及社会关系网络也能为组织认同的产生及成员自我发展提供较多的机会和可能。因而，组织内的社会关系及彼此间的相互认可、尊重和支持，对于组织认同具有重要影响。

最后一个就是企业组织对员工的认可和承诺。认同与承诺应该是双向的、相互的，所以，组织希望获得成员的认同和承诺，首先它也需要对成员提供认同和承诺。因此，我们也要考察企业是如何让员工感受到这种认同和承诺的，尤其是如何通过员工参与这个渠道表现出来的。

综合来说，从员工的角度出发，我们将重点从员工的自我发展和实现或自我生涯规划角度、组织中的社会关系的塑造、员工如何积极参与工作场所中的互动，以及组织如何对员工进行认同和承诺，来寻找员工的组织认同基础。

2. 员工参与和企业组织治理

员工参与对于企业组织治理的重要意义，我们在前面的文献综述中已经做了简单总结，即主要围绕利益相关者的利益平衡、人力资本的激励、经济领域中的民主等问题展开的。我们这里主要从人力资本激励角度来考虑员工参与和企业组织治理的关系。因为，在企业解决了所有权和经营权问题后，立即就要面对的是如何协调企业内雇主与雇员关系问题，也即雇主通过何种制度安排来激励雇员，以及雇员在何种程度上实现对企业认同的问题。

另外，员工参与对企业的组织资本（organizational assets）而言也具有重要意义。组织内部中以团队为表现形式的一般人力资本的组合，对组织的意义非同一般，这种集体氛围和内部的相互支持，构成了组织自身所特有的组织资本，这也是组织的无形资产和核心竞争力所在，是组织在长期生产经验中获得的，存在于一个有效的"生产团队"和生产模式之中，而且会通过组织记忆而保留下去（Klein，1993）。而且当其中涉及社会支持时，因社会支持必然要卷入人格化因素，这就使得团队合作不仅对组织有重要意义，而且对个体成员来说也具有重要意义。

还有一个影响企业吸纳员工参与的重要因素是企业所面对的由政府、社会、市场提出的制度要求或规范。前面已经介绍过地方政府提供的一些制度环境（如各种荣誉称号）和市场中的各种认证制度对企业内部的劳动关系或企业治理结构所产生的影响。此处再介绍一下社会环境的影响，目前有关企业社会责任的倡导就是一个表现（曾德明、陈立勇，2003）。不过，这种制度影响也许在那些扎根于村庄社区的乡镇企业中更为明显。有研究指出（折晓叶、陈婴婴，2004），乡镇企业在创业初期，村社区不管是在经济资源和成本上，还是在组织资源或社会资本上，都给予企业（家）很大的社会支持，而且企业家的人力资本的提升，也是在这样一个社会场域中通过"干中学"才得以实现的。另外，在风险承担、运用非市场原则来处理经济合作和冲突问题上，村社区也提供了最大限度的支持，这促使企业（家）在改制及改制之后的经营中，始终必须对其所在社区提供一定的承诺和回报。这样一种小气候式的意识形态或者集体情感，也必然影响组织内部的制度设置和结构安排，从而影响着员工参与的方方面面。

最后，我们可以用调查对象 JSJT 对员工参与的理解来帮助我们理解员工参与对企业组织治理的重要意义。他明确指出首先要区分经营和管理，企业发展到一定规模时，必然会出现经营与管理的完全分离，在这个时候，管理就将职业化，交由职业经理人来负责。但是在经营上，则永远都不能职业化。在他看来，这就是企业家精神的领域，而且在这个领域里，是不能有员工的参与，否则就容易造成混乱。因为在经营上，企业家的自身能力足以驾驭其能力范围内的一切经营问题，在这个范围内，职业经理人团队如果能配合好企业家，那么企业家的经营能力能发挥到极致，但也突破不了其自身的界线，这是由其能力所决定的。但是如果职业经理人团队配合得不好，那么企业家的经营能力就会大打折扣，不能正常发挥。管理领域则是一个员工可以参与的领域，而且在一定程度上被认为是一个需要员工参与的领域。

对于管理上员工参与的原因和必要性，他给出了一些理由，首先就是他在理解"职业经理人"这个角色（或概念）上。他认为，除了企业家，其余都是具有平等地位的员工，更关键的是他们具有同等的心态和情感，在这个意义上，经理和普通员工没有实质差别，只是位置和分工不同。那么，在管理上员工就有参与的要求和平等的权利，而且这些问题在他看来，可以帮助避免出现经理人独裁、进而侵蚀企业家利益的弊病。另外，从具体的企业运作来说，不管是基于管理上的效率还是管理上的公正，员工参与都有利于企业的管理，有利于员工对企业的认同和投入。甚至他最后还指出，当企业有了比较良性的参与渠道和体系时，员工可能会觉得公司比较公正，反倒不去参与，所以他认为，让员工参与，最终的目的反倒"就是通过参与达到少参与"。

因为在管理那个问题上，企业家精神已经没有了，大家全都是职业经理人的时候，那你就必须参与了。因为没有参与的话，企业很容易进入到独裁，而你又不是老板……就是因为你的心态和员工心态按理说是一样的、一条线……因为你和所有者是完全不同的，你是经理人。如果你没有让他们参与的话，整个企业完全会变成独裁。第一，你的经营能力没有这么强，你会限制它的发展；第二，你不是所有者，你不应该说那个话，你也不应该承担那个角色。你的角色就是管理者，那你跟他是平等的……我是打工的，他也是打工的，跟我一样！是基于这个层面，就是，我是打工的，只是职务差别而已；但是我跟股东我们俩是本质差别。他是所有者，我啥也不是，所以，就是要提出说，我是职业的。这点事儿要是想不明白的人，就一定不是职业的。中国之所以出现不了职业经理人，就是这事儿……他老越位。他就觉得，股东的事儿，我也可以干一干啊，想一想啊。但是你可以给他们建议，如果董事会不够专业和强大的话，但是你不要站在人家的角度去思考问题。中国的很多人都是在这样思考问题，一思考，出问题啦！员工会想，你又不是老板，他对你的态度一定和老板是有差异的，因为事实上是有差异的。同样一件事儿，他不服你，老板说了没事儿，你说就不行了。但是你要是公正，你要是有参与呢？是不同的，那样他就会转换对你这个管理者本身的尊重和支持的话，那就另当别论了。是吧？他觉得你作为一个最高管理者，是，我能够服从你的领导，我觉得你公正，你给我考虑到所有东西，我就认为你好，很正常。如果说到微观层面，说到纯粹管理啊，我个人认为，只要在管理方面员工参与，都是有好处的；经营层面（员工参与）95%以上是没有什么好处的，一定是阻碍企业的。

　　管理的目的就是效率和公正。如果管理以效率来说，那员工参与是好的，为什么呢？我个人理解，有两点，第一点，从效率角度来说，很多情况可能我不了解，我作为决策者，那么我了解得更多，决策的效率和决策结果的效益会更好，这是很直接的。绝大多数方面我一定不如员工，但是我又要做决策，他们能参与，能告诉我什么，可能对我会是一个很重要的帮助。第二点从效率角度来说，就是人性，人就是我参与的东西我就说他好，就愿意做，那你就满足人性，而这样的人性的满足是提高效率。第二个公平呢就是，员工觉得，在我们平等的人，就是都是员工的这个状态下我有我自己一个平等的身份和表达的方式和渠道，那么他会觉得这个公司是公正的，我觉得比较尊重。我觉得只要发展好，另外公正，我个人认为员工参与就能达到目的。

以上分析就是要指出，员工参与对于提高员工的满意度，促进其组织认同，具有重要的意义。接下来，我们将根据我们在企业中的调查结果，来考察各个企业是怎么处理这个问题的。

二　企业中员工参与的制度安排

本节主要通过经验调查来总结企业为了提高员工满意度和认同感所进行的相关制度安排，在这个过程中，我们主要围绕员工参与的渠道展开。因为我们想通过这种梳理，更清楚地看到员工的自我意识结构是如何在企业组织中发展和形塑的，进而促成其组织认同的。

1. 自我发展空间与机会

企业组织需要提供能够让员工的自我发展和自我实现得以可能的渠道，这是员工在选择进入一个企业或继续在一个企业中工作的重要考虑因素。我们将其分为三个层次，首先是企业组织需要提供制度化的渠道来让员工在企业组织中的工作得到明确的支持和系统的安排，这样才能使员工不仅能明确自身所处位置的目标，而且能获得制度化的手段和支持；其次是企业需要结合企业自身的发展和人才队伍建设，提供给员工可能的渠道来实现其自身的职业生涯规划；最后，在条件允许的情况下，如果企业能提供给员工发展自我的更大的空间和支持系统，那么企业将具有更强的吸引力。

(1) 工作"目标—手段"系统的制度化。首先是对个体的工作（岗位责任）目标及其手段的制度化。这些目标是围绕组织的功能运行来设定的，因此是一套以组织运行为中心的"目标—手段"制度体系。这套体系从两个方面表现出较强的系统整合性，首先在目标的设定上，一方面这是切合组织的需要明确提出来的，另一方面，这本身也是给个体成员进行了一个定位。我们可以调查对象 UYS 所在公司 UY 的正式评估系统为案例。

> 这是一个针对所有的员工的正式评估系统。在每年一二月份，每个员工开始设定四五个工作业绩目标，然后跟自己的line-manager去商量。设定目标时有个要求叫smart，是由几个开头字母合成，就是 specific，measurable，achivable，reasonable 等。你所需要的培训也可作为目标写进去。如果你有变化，也可以再改，它都是在系统里，整个的系统都是由人力资源部来维护，他们都可以去查看和督促。在设定目标时还要设定相应的 skill，基本上先是自己去系统里查，因为系统里有一个关于目标和技能的配套模版。Line-manager 会来看是不是对。比如说你是一个财务分析员，你觉得你的业绩目标应该是怎么样的，你自己去想，你要精确到什么程度，及时到什么程度，给各个部门汇报到什么程度。

实际上你想升职，也是要去系统中查高一级的目标和技能。然后在三四月份的时候，做 skill assessment，就是说，跟你的目标相关的技能要求可能分三个级别，你去评定你在哪一级，是超过了？没达到？还是正好？同时你的 line-manager 也会在系统里面评定你的技能，最后传过来你可以看到，你自己设定的和他认为的是不是有差异，然后你知道你是在哪方面的技能需要调整和改善，当然这是一个比较理想化的做法，我知道很多人都不太做，就不像第一个那么严格。接下来，在四五月份，也是在这个系统里面做一个 individual develop plan，也是你自己先填写，说在最近一段时间或最近两三年内，我想在什么方向发展，想做到什么程度，你不写也行，但这个更人性化一点。接下来就是年中和年底进行业绩评估，每个人都要客观的对自己进行评估，看哪个做到，哪个没做到，line-manager 就会在系统里看到，然后有一行由经理来写。另外这个经理要是觉得这个员工跟其他的部门有关系，如果需要，他可以让相关人去打分。最后，围绕你的目标和技能的实现情况，分成六个等级。如果自己跟经理关系不好，那确实比较麻烦，但是整个系统评估还是比较明确客观的，而且人力资源部能看得到的，而且经理给你打分低，他得写出你为什么不好的理由。这些做完以后就是到年底，隔一段时间员工就能看到那个评价了。

这种将工作目标的具体化和层级化的另一个优点就是，能够将个体的具体工作目标与组织的一般性的、宏大的目标通过一系列中间目标关联起来，这就构成了一个 March 和 Simon 所说的手段—目标链（means-goals chains）（转自 Scott，1998：50）。而当组织目标具有一种理想化色彩时，这些具体目标的实现在一定程度上能对个体起到一种目标激励的作用（Clark & Wilson，1961）。

（2）个人职业生涯与组织人才队伍建设。在组织自身的目标发展需要与成员的自我生活规划需要之间搭起桥梁的，便是组织内部开展的人才队伍建设。也许各企业的称呼不同，如人才库（关键人才库）、梯队建设、潜力员工挖掘等，但实质作用是基本一样的。这种人才队伍建设，一方面是为了满足个体职业生涯规划的需要，另一方面，也是组织本身的持续发展的一个重要后备资源。比如我们所调查的航空公司 SH 就给我们提供了一个比较详细的人才队伍建设案例。

> （我们有各种）"快速通道"，原来是个很普通的员工，但我感觉到，我这个能量非常大，可惜就没有机会，待了三年了，还是这个一般员工，但，某一个机会，一下子就调了。这些动作，我们倒也不是完全从民主管理啊（考虑），是企业确实有这个需要……就青年成长的通道吧，只要他自己肯学，就是从他进来的第一天起，我们就已经为他提供了一个广阔的舞台。你比如说，大学生青年导航计划，大学生进来以后，我们先让这些大学生到基层一线去补一下，然后就根据他每个人的个性，不同人的特点，培养他发展的潜力吧，我们就会为他，当然也征求他的意见，多方面的为他设计成长的个人的职业生涯。然后呢就是见习经理计划，为我们培养初级管理人才的，只要你符合这个条件，你有这个愿望，不管你是谁，全公司范围，你们谁都可以去报名，当然我们也有这个筛选过程，根据每个岗位的不同要求，每个人不同的潜质，来进行面试、笔试，全面的考察、分析来确定这个人选。我们前 3 期里面就一共有六十三位见习经理的培养，进行一年的培养，然后根据我们的培养计划已经走上了初级管理的岗位。还有一个就是继任管理，是培养中高级人才的……你必须在你的岗

位的后面，要有一到三个（继任者），我们过去叫第一梯队，第二梯队，那个不是很明确，这个是很明确的，就是继任你的……对专业技术人员呢，我们也有通道，因为我们公司很强调培训工作。老实说，这个人才是关键，但这个人才也不是一下子就跑起来的，所以我们就也是建立很多通道，一个是自己培养，然后外面引进，所以有专业人员的通道，教员队伍也有专门的通道，工程类啊，机械类啊，这是比较主要的通道，因为我们工种门类比较多嘛。那么还有其他小的通道，从这个方面来设计，既培养了我们的管理人才，又培养了我们专业技术人员，所以这个通道应该还是设计到比较好，至少是符合我们公司要发展的特点，根据今后公司的战略需求来规划的。

整个选择过程也是间接在对个体进行督促和提醒，让其能不断对自己进行调节和控制，这就不是一种直接的强制，而是一种诱导系统。

（3）个人事业发展的机会。前两种情形分别是组织占支配主导地位和组织与个体的相互协调和依赖。而此处的情形可能比较特殊，也许在现实中比较少出现，即组织配合个体的事业发展需要，提供其发展的平台和机会。因为，也许个人有着比较好的设计方案或比较合理的理想，如果组织能提供一个机会和施展其才华的平台，那么，首先这种理想的实施对其来说是一种很有效的目标激励。其次，对组织本身来说，也能为自己寻找新的增长点和创新空间。当然，这是需要组织承担风险的。我们的调查对象 JSJC 就给我们提供了一个很好的事例。相对于前面的控制系统和诱导系统来说，这更多的是一种激发成员的目标激励系统和支持系统。

应该说我们的知名度也比较高，应该有一种自豪感。其实我们也说我们董事长非常具有个人魅力，他能吸引到同行业上面，都是行业的带头人，有的人都是奔着杨总的名声来的，或者奔着我们公司的名誉来的。有这样的一个平台，给他们搭了这样的一个舞台，可以通过公司的这样一个舞台，实现你项目产业化的这样一个过程，其他企业可能不一定会有。我们纤维板材那个经理就是，他原来是一家企业的老总，他有这个技术，他觉得在那个企业可能没有太大的发展，他就带着他的技术以及他下面的几个员工就一起投奔我们这边了。然后搞了我们纤维板材事业部，他又是这个专利的发明人，那么，用公司的名义申请了专利，我们现在马上就11月底设备全部到位之后就准备产业化了。这个东西原来是进口的，国内没有的。这次在广东那边开会呢，我们公司带了这篇论文过去以后呢，引起了很大的反响。这个会开完了之后呢，围绕这个东西我们公司就电话不断了，开始有人向你要这些东西了。

综合来说，以上制度安排一方面使成员个体各得其所、各尽所能，另一方面也有助于组织对成员进行管理、控制、引导和激励。当然，与这些员工参与方式紧密关联的就是各种培训。现在很多求职者都希望能去一些培训机会多的公司，那其实也是在思考自己的自我发展和职业生涯的问题。

2. 关系环境及沟通

从经验上来说，对于一份好的工作，人们的期望通常是"一是职业有发展，二是薪酬还可以，三是有个好老板，还有好的人际关系"①。这里，我们就集中考察组织内部的社会关系。

---

① 调查对象 LCFS 谈话内容的概括。

对于社会关系的重要性，已有不少研究者给出了诸多解释。比如希尔斯（1986：118-120；Shils，1957：130-131）就曾指出，"人更关心身边的事物，关心现实和具体的事物，而不是关心遥远的和抽象的东西。从整体上看，人更关心其他人、关心他周围的那些人们的社会地位，和在他自身的地位上所认识到的正义，而不关心相距遥远的人们的象征，不关心整体的社会地位体制和整个关于正义的体系……（在大多数情况下）对其成员而言，所谓神圣的社会终极价值，只是悬浮于零零散散的具体事务之中，这样就使那些价值模糊不清……现代社会通过大量个人间的接触，在具体情境中的道德义务，职业的自豪感和创造的自豪感，个人的事业心，与生俱来的关系，以及一种公民意识（a civil sense）而将人们黏合起来的"。结合我们此处的组织研究，希尔斯的观点可简单的转述为，在企业组织中，对成员个体自我意识作用最大的，也许不是组织的那些抽象的价值观念、目标理想，而是与其有着大量接触的个体之间所形成的社会关系以及在这些关系中所承载的相互道德义务感或互惠互助精神，以及人们在与周围人比较时所感受到具体的正义观念。

格兰诺维特（Granovetter，1985）也非常强调社会关系对经济活动的重要影响，他甚至批评说，威廉姆森等人所认为的官僚制理论中有关个体的服从和内在冲突的抑制可通过权威来实现的观点是经不住考证的。实际上，企业中的社会关系往往会比纵向的整合权威更为有效，包括在信任关系上也是如此。此外，摩尔（1986）强调了"有重要意义的他人"的赞许是士气的重要来源。还有从企业家人力资本的习得是需要有一个"干中学"的社会场域的角度来强调社会关系网络及其中承载的社会资本是人力资本（不只是企业家的人力资本）得以提升的重要因素（折晓叶、陈婴婴，2004）。也有强调关系是一种具有资源配置功能的特殊资源，从而嵌入关系结构的治理是合同关系治理的重要补充（刘世定，1995）。从具体的经验研究例子来说，围绕乡镇企业在所有制并非明确稳定的情况下却能获得成功的现象，一些研究者指出了那是因为其群体内部具有一种自行解决冲突与合作问题的能力，而这种能力被认为主要来自中国文化的影响（参见周雪光，1999：30）。其实，在一个比较讲究"人情""面子""关系"的群体中，人与人之间的关系及其中所承载的信任和责任等，确实在很大程度上可以用来减少不确定性，提高合作的效率。

企业内部的社会关系及其中所承载的信任与相互支持又是如何建立和展开的呢？

（1）企业（主）与员工的关系。我们举一个例子来说明这种关系对于企业组织认同的重要性。各种社会保险制度作为国家的强制性制度，旨在实现风险的社会化（socialism of risk），来促成人们之间的某种道德情感和关联。作为一种技术，其实质上是希望将原来的直接的劳资间的冲突转变成抽象的社会（理性）与经济（理性）间的冲突，这有助于将工人们的努力方向从罢工、革命、运动等转向尽量去扩展一种社会性空间或领域（Donzelot，1993），维系劳资之间、企业之间、部门之间、地区之间的平衡和协调。但是实际上这种"技术"在目前中国的很多企业中很难推行，尤其是在一些私营企业中。所以，那些享受到了社会保险计划的成员对此津津乐道。我们的调查对象，不管是管理者、老板，还是员工，都把享受社会保险计划作为一个重要的激励，对于那些享有额外的商业保险的公司成员来说，这更是一种重要的吸引因素。

在有的私营企业中，通常会有选择地给一些优秀员工或者超过一定工作年限的员工缴纳保险。这样，在雇主与员工之间就建立起了一种互惠关系，这种社会保险金的缴纳被员工看作一种"礼物"，从而心中有一种回报的心情，这在我们的调查对象 LCFC 所讲述的感受中表达得非常明显。他觉得给"上了保险",老板对自己不错,"得更努力地干活"以作为回报。这样雇主与一些员工建立起一种混合型关系,彼此间开始诉诸人情法则(黄光国,1988)。另外还有一些相似的做法,比如给外地员工解决在当地的居住证、帮助其解决孩子上学问题、从受雇佣的农民工当中逐年选择一部分为其解决当地的户口问题,等等。

(2)管理者与员工的关系。这构成组织中的主要垂直关系,在官僚制结构下,这表现为上下级之间的服从与支配关系。但是在实际的交往中,这种垂直关系中会穿插诸多比较平等的沟通和交流,以便能在组织内部的目标—手段链系统中促进相互的支持,并建立一定程度的信任关系。从管理者角度看,他们需要获得员工的支持,以完成自身的管理职能和部门目标。而且在一些企业中,管理者往往会有一个人事管理目标,即要将业绩能力好的员工尽量留住,并帮助那些业绩排在后面的员工,这就需要彼此间的经常交流和沟通,能了解下属的建议、不满等,并予以控制和疏导。从员工的角度看,一方面需要上级能给予工作上的支持,另一方面,情感的交流需要或多或少是存在的,尤其是在那些处于社会相对底层的行业中,这种多方面的关照,包括尊重,都会在很大程度上影响员工的工作积极性以及投入度。我们的调查对象,一位餐饮行业的前台服务员 LCFJ,给我们讲述了他们的心情感受。

> 以前嘛(也就三四个月前),酒店就像一个家似的。那感觉,可喜欢干了,干一天那么开心。那些领导都那么好,感觉和员工之间根本不分什么上级下级的关系,就是朋友,上级和下级都能沟通的人。上班嘛,就是看你累的时候,他们就是故意去逗逗你,然后就感觉给你提醒精神,挺好的……以前他们都是和员工沟通

沟通，不管经理也好，主管也好，平时也会出去玩玩，都出去说说话啊什么。然后工作上有什么事，你生活上有什么事，都可以去关心你，不管是你员工工作上也好，生活上也好，你都要去照顾他，你都要去问问他……说句实话，干服务行业，本来是一种很底层的职业，在这边的，不是说迫不得已，人家是不愿干的，干也是暂时干。在这，百分之八十的人都在那样想，除非有升职的机会，就在这继续干，但是机会很少。你本来要做很底层的工作，希望要上级和员工之间的关系都要很好，你上级不要把下级看得很扁，你怎么样对人家，人家也一样对待你，员工都不听你的。

可见，沟通在社会关系和组织认同方面都是重要因素，有研究指出（Wiesenfeld & Garud, 1999），沟通能影响态度和认同。一方面沟通提供了一个参与机会，让成员能建立和共享他们对组织特性（如规范、价值、文化）的主观感觉，从而能提供共同的意义；另一方面，对于这种共享意义，他们也会有一种所有者的感觉（feeling of ownership），因为他们感觉这些意义是他们参与促成的，从而频繁的沟通会让他们感觉是在积极融入组织并对组织具有更大的作用，尤其是对于那些处于边缘地位的员工更是如此。

（3）员工与员工之间的关系。这主要是通过员工之间的交往建立起来，如组织内正式的工作往来，私人关系活动等。此外，我们简单地将主要的交流分两类，一是私人情感方面，工作关系或多或少会建立起一些业缘关系基础上的私人关系网，毕竟因熟悉和频繁往来而容易建立起朋友或友谊关系，这些有助于公司内部的社会支持行为的出现。还有一个是相互之间的学习交流，并从中感受到自己的提高及与他人之间的互补。调查对象JSJC举了一例说明员工之间的交流所带来的个人能力的提高和彼此间的融洽关系。

> 大家都是觉得干劲儿十足。怎么说呢，我们更多的交流就是说，因为厂区内不能抽烟，我们都到大门口外面抽。交流的话我们有时候闲聊，他们都是聊我这个项目现在做到什么阶段了，他们有多少订单，今天接到什么电话，哪个公司又来要什么东西了，交流的都是这种信息，给人家一种鼓动啊，包括我们也是在那边可以听到很多信息。我们现在是这样的，我们研发内部交流还是比较多的，我们每个月他们都会有一个交流，那么请内部的某一个研发人员对于他所掌握的这个领域做一个交流，不管是现在搞的，跟公司有关的还是无关的他们都会讨论，基本上已经成为一种定式。我觉得对研发是比较好的，因为搞技术的人他都希望能够多学一点，都希望知识面更宽一点。我原来搞尼龙的，他可能知道了 PPH 这方面，ABS 这方面的知识，对他以后都是有帮助的。或者某些在尼龙上的一些做法的，可以借鉴到他自己的这个项目上来做。

当然，关系并不总是"好"的，它也有自身的局限性。这主要是因为关系具有多元属性，比如因为关系比较紧密或亲密，从而彼此间相互了解，并且通常会有种相互认同感、依恋感和责任感；另外像在亲属关系中，那种伦理秩序中所包含的内在影响力，也会发挥作用。正因为此，在引入关系时，是需要对关系属性进行有效的控制，否则就会产生摩擦，即会在正式的治理结构与嵌入关系结构之间产生结构性摩擦，导致较高的交易成本，影响组织的运作效率（刘世定，1999）。

总之，当组织内部的垂直关系和水平关系都能够通过沟通和交流而达成一种多方面的社会支持和信任时，组织内的社会性空间将会逐渐发展起来，并且在这过程中，组织公民行为也就会得到培养和发育[①]。这类行为能直接促进个体对组织的依恋感和归属感。反过来，这种行为也有助于关系的进一步改善，形成一个良性循环，为组织团结奠定了关系基础。

3. 工作场所中的参与

在具体的工作中，员工的参与首先会直接影响到企业内部的组织运作，同时也会对员工个体的状态产生影响，从而影响其对整个工作的满意度、投入度和认同度。不过，这种参与可能根据不同的企业性质、不同的工作岗位、不同的工作性质等，会有很大的差异，我们很难有个统一的模式。不过，我们尝试找到其背后的运作机制和基础，并理解其对于员工满意度和认同感以及企业组织内部的运作过程的重要意义。此处，我们以LK集团公司中员工在工作中的参与作为例子。

LK集团的基层单位的核心就是工作班组。在该集团公司中，班组建设一直是作为"员工小家"的建设阵地。从20世纪80年代起，班组管理就采取了一种称为"六二八"的民主管理形式。具体来说，"六"指六大员，比如材料员，保管员等；"二"是指两会，一个是民主管理会，一个是四长会（即班组中的党组长、行政组长、工会组长、团组长）；"八"是指八个方面管理，就是指通过六大员和两会实现班组的成本、分配、思想政治工作等八个方面的民主管理。这种班组民主管理模式持续了近20年。不过由于到90年代中后期，公司进

[①] 所谓组织公民行为，即在组织的正式职位中未规定的行为，且组织对组织公民行为也不会有正式的奖励，但对于组织内部的整合、效率的提高和目标的实现，却都有着积极作用。通常所区分的5类组织公民行为即利他行为、谦恭、任劳任怨、自觉性及公民美德等（参见李汉林、渠敬东、夏传玲等，2006：53）。

入了困难时期,并且开始进行改制,这时班组结构也发生了很大的变化,最明显的变化就是人数变少,班组中开始以班组长为核心,而且有一些权力基本上都上升到车间一级。

现在主要就是班组长抓班前会,在班前会上突出抓安全。另外,平时班组作为一个基本单位,也负责诸如生活互助、困难帮扶,建设学习型班组,抓技术,进行岗位练兵比武,还包括休息室、浴池等便利设施及工作环境建设。而工会则负责组织班组之间的各种评比,比如安全无事故、无"三违",各种班组内部的优秀员工、首席员工、技术能手、技术状元等评选,评比班组内部的学习氛围,困难帮扶情况,还有整个班组的竞赛评比,等等,这些都纳入班组内部的民主管理考核。而且,班组作为管理的前沿,从厂部领导到车间干部,都有分工,每名干部要负责一个班组,保证每月至少去一趟班组,抓班组是整个厂矿管理的基础。2004年,公司举办过群众安全教育进班组活动,2005年进行"职工小家"建设竞赛,设立集团公司的五星级"员工小家"。

我们重点关注的是班前会,因为这是员工参与的一个重要环节,而且班前会也是非常重要的一个动员场合。那么班前会是怎么召开的呢?员工是怎么参与进去的呢?我们结合不同调查对象的描述,可以把他们的班前会做一个简单的描述,由于我们调查的是该集团公司采矿的基层部门,所以安全管理是班前会的重点内容。

开始是点名、报告。在做这项工作时,各班组采取的是他们称为"军事化管理"的方式,在点名答到时就像部队中的班组答到方式,然后再由班组长会向上一级报告,"我们班今天到会,应到会30名,实到会28名,缺余2名,报告完毕,请指示",而且还要敬礼,然后领导指示,"按计划进行",就这样进行交接班。如果有上级来检查,那么也是像军队一样列队欢迎,所有人都穿统一制服,统一敬礼和喊出"欢迎领导，检查指导"。在我们进行的员工座谈会上，他们就讲了他们看待这种工作方式的感想。

> 我这个单位，这个对面就是石油一厂，它也搞运输的，和我们经常在一块儿打交道的。我们刚开始实行这个办法，唱安全歌，而且宣誓、站排、列队、报告，然后那边人都说，你们运输部精神病啊。这有个过程，什么叫习惯成自然呢，从不理解到理解。它有什么好处吗？咱们打一个比方，这一个班组，今天干什么活，这个班长说把那个安全措施工作好好学一下啊，坐下来一念，有人唠嗑，有人说话的，根本就不干啥。现在不行，你得列队，站一排，站好，眼睛你不许往别处瞅，得瞅着我，学完了，还要回答问题，答不出来不行啊，最后你还得签字。为什么叫你报告，为什么让你立正，站在那儿立正，不有个精神状态的事儿嘛，一个"立正"一喊，你这个脑袋，就让你集中了，我说什么你听得进去，这样你干起活来就不容易出事了，就这么个道理。这一系列的这些东西，就安全文化活动，都和安全挂钩。你精神不集中，我安排完你活，你上这个杆儿，这个杆儿不带电啊，完了那个杆儿带电，别上错了。你结果说听明白了，去了，一瞅，这个是32号、这个是33号，刚才说32还是33来着？凭经验干吧，好像是33号，实际上是32号。他上去那么一点，"吭"，触电了，这不就出事了吗？以前就出过这事啊。所以企业必须要求你这么做。就这么个道理。他那个就是说，军事化这一套就是都使人很快进入了那个工作状态。就是我搁家里还有什么事，到了班上我搁在心里，但是要求你在交接班的时候，军事化，什么敬礼啊，什么严格地按照交接班的要求进行交接，你就能清楚你今天一天的工作，把你的思想杂念啥的就已经打消了，所以很快地进入工作状态。

接着传达上级的一些精神，这包括上面的各种会议和决策文件等，并且进行一些通报，比如可能出现了一些事故或者一些管理方面的问题。然后就是针对自己本班组的问题，先由班组长讲当天的工作，强调一下工作要求，以及如果出现什么问题时具体又该怎么处理，接着由安全员介绍当天工作的安全措施、程序，有的班组就是加了复述程序，就是班组安全员介绍了以后，员工站起来复述一遍，有的带培训性质和硬性要求性质。再接着就是唱安全歌、背安全誓词。座谈会上的员工给我们描述他们对唱安全歌的体会。

这个安全歌的意义不能小视，是吧？表面看不就是唱个歌吗？实际上在对工人入井前，作业前，对这个精神状态那是一种很好的作用，起码唱完这个，早上起来没醒的醒了，你精神头不足的足了，是吧。把跟老婆吵完架，这一唱歌，把心里这个闷气出来了，是吧。对这个一天的工作它是有好处的，它的意义不能说只对安全生产，有多少效益也不能衡量。每年还组织什么呢？安全歌大赛，各单位都唱，领导班子都上去唱去，很有气氛。

但班前会也可以组织得非常灵活，比如，可以利用班前会组织一些技术学习，也可以将某个班前会办成工会活动日，或者党团活动日，然后组织各种活动。而且，班前会也是层层传递厂矿及集团公司的形势、方案和要求到每个员工的重要方式，包括像员工代表大会的一些具体的决议和提案落实等。班组及班前会是信息传递到最基层或员工的最丰富且灵活的方式。而且针对如何把班前会开好，也会专门举行班前会的经验交流会议，彼此之间相互借鉴。我们去调研的这一年，他们班前会就专门加了一条，叫"确认员工的上岗状态"，以保证员工的操作安全，而且班长和员工都得签字。如果员工出现问题，那么相关管理人员也要受到牵连，因为这被认为是平时教育不到位，日常管理出了问题。这样就将班组内的成员进行了一种"绑定"，形成一个"利益共同体"，加强安全意识和彼此之间的合作。

今年还加一条，"确认员工的上岗状态"。假如我是班长，你们都是员工啊，我一看，哎今天那个老徐喝酒。昨天打一宿麻将，没睡觉，这一看不行，这不能让你上岗。或者一瞅，你家里发生矛盾了，就类似这个，看你挺好，挺好但是你必须签字，班长也签字，确认你的状态。你要一宿没睡好觉，要寻思你迷迷糊糊的，容易出事儿呀。那到时候真让你上岗，真出事了那有责任呢。他这个询问制，就说开完班前会了，工作分配完了，问了，那老师傅，你怎么样，今天有什么事吗，大伙儿挨个儿问一下。到你那儿，问你了，你说昨天拉肚子了，觉得体力不太好，按照你的这个精神状态，分配你轻点的活儿，那就别去哪，累了别干了，给你轻点儿的。但是你没有参加到这个实际工作的当中去，那正常得扣你两分，因为你干了别的活了，扣个0.1分啦。

在班组会开完之后，在具体操作上，员工内部还会特别注意安全检查和预防措施。班组会上将任务和安全事项明确之后，员工上岗时，如果是两个人一块上岗，那么就有一个人要戴安全员袖标，同时，两个人会复述一遍今天的所有安全注意事项，强化安全意识。

两个人作业的，必须有一个人是安全防护员，戴着袖标，作业前双方得复述，复述作业内容。你比如说我和某某干这一个活了，早上班长交代了，这个活应该怎么干，俺俩到现场得复述一遍。这个活儿怎么回事，安全上注意什么事，就把事说出来。

（虽然说可能那两人不那么复述了，但）这种情况少。现在就变成自觉行动了，自己知道你复述，本身就好的。我当这么多年领导，好的都没法说了。

实际上，这种员工参与过程真正体现出了柯林斯所说的仪式团结过程：成员共同在场；有共同的关注点（安全注意事项）；有共同情绪；通过身体互动、言语行为等共同节奏的展开，出现了情感能量的增加（唱安全歌、背安全誓词）；参与者感觉到他们构成了一个群体，彼此间负有道德义务（他人的安全责任）；彼此的关系被他们在互动仪式期间所关心的东西所象征化，进而当他们在话语或思想中使用这些象征符号时（如"员工之家"），他们会默契地想到他们是群体成员；最后，如若出现对群体的触犯行为，则会对其进行惩罚。座谈会上员工们还举了惩罚员工的例子，那些不遵守规范或者对本职工作和安全事项不了解的员工，则会停岗接受再培训，只发最低生活补贴，然后通过培训考试后，先提出书面的上岗申请，还需要在车间员工大会上向大家做出保证，然后请求大家同意其上岗。整个过程，就是一个不断的调动员工的共同情感的过程，提高员工的投入度，也间接地促成组织内部的团结和凝聚。

4. 员工申诉及信息反映渠道

员工需要有申诉的渠道和机会，各种类型的企业中都有这种渠道和机会，有的通过人力资源部门，有的通过工会，有的则是跨级申诉或者通过电子信箱跨级申诉，等等。通过这些申诉的渠道，即使结果可能不会发生改变，它也能发挥"发泄"或"安全阀"的作用，不过我们更关心的是员工如何获得各种可能的信息反映渠道。因为在企业的行政体系中，本身存在着一种官僚制式的信息流通渠道，但是，官僚制本身存在沟通的结构性障碍，从个人的生活到生产经营，下级往往不敢去向上级反映实际存在的困难，或者有反映问题的意愿时往往不能获得有效的信息反映渠道，所以原本只是一种组织管理模式的"官僚制"这一词，往往带有贬义色彩。这样，就需要在官僚制的信息传递渠道中开辟别的信息渠道，使得整个组织的信息渠道多元化且更有效率。

希尔斯（1986）在研究组织中初级群体关系的建构和合作行动的产生时，指出了中间人有时扮演重要角色。同样，有些公司会注重利用一些比较具有亲和力的员工作为中间人或桥梁，来使上下之间的信息交流得以通畅，从而既可以使有关工作事务的信息上下沟通，也可以将下面的不满、意见和建议上达。不过，有的公司还将这种信息渠道进行制度化，在官僚制的旁边增加了一条更直接的上下沟通渠道，当然，这就对信息的重要性提出了一些标准，使比较重要的信息能够比较快速便捷地到达公司上层。比如 LK 集团公司，总经理设置了一个"总经理联络员"制度。当时是第三届了，有 19 人。基本上联络员都是科级干部以下，靠近生产一线的员工，既懂得政策，又熟悉生产一线的情况，且有较好的表达能力。就目前的运作情况看，从总经理到基层，以及组织这个事务的工会民主管理部门，都非常满意这套做法。在具体做法上，是由各单位层层推荐，然后是工会在企业层层推荐的人选中进行挑选，并从职能方面考虑比例问题，比如得有懂生产的、有懂安全的、有懂经营的等。最后，由总经理颁发聘任书。

总经理联络员制度的设计，其理想状态是这些联络员具有能跨越其所在的车间、部门，甚至分厂或分公司的视野，从一个较高的层面去反映公司中比较重要的问题和信息。用他们的话来说，有点像人大代表或政协委员一样，去反映跨行业、跨领域的各种可能的重大问题。而且公司也确实赋予了他们这种权利，有证件作为凭据。但是，实际操作上，他们还是受到自身视野和能力的局限，而且其工作场所也决定了他们不能经常往别的分厂去收集信息，所以他们还是比较多的局限于自己所在分厂、车间里收集信息和意见，当然也有一些会关系到整个集团公司层面。联络员制度确实为提出一些交叉性问题和意见提供了便利。当联络员提出的建议或问题由总经理批示后，将由各相关部门领导积极推动采纳这个建议或解决相应问题。

在建议或信息的影响力上，联络员具有特定的作用。用工会副主席 LKU 的话说，有的重要问题，如果经过联络员提出来，可能会比相关部门的负责人提出来，更具有效果，更能引起总经理的重视。因为，在他们看来，总经理对于领导干部的建议和问题，都不太敏感了，反而对来自基层的意见非常重视，而联络员制度就是这样一种重要渠道，让基层的信息能直接传递到总经理。

他们反映上来的信息并不是原封不动地递给总经理，而必须由设立在工会的联络员办公室进行筛选、整理和上报，就目前的比例来看，基本是上递一半。办公室的人员会根据集团公司的实力能不能采纳实施，或者国家的相关政策允许与否等，进行信息的筛选，毕竟联络员不一定都具备各方面的知识，并不一定掌握整个集团公司的实力或国家政策。比如在我们去调查的前几天，有提出要求实施带薪休假的建议，但目前公司实行不了，只能是那些高级技术工作人员，每年可以带薪休假10天到15天。如果全集团所有员工要都实行带薪休假，那会把全集团的正常生产经营打乱，特别是目前公司处于转产转型、发展非煤经济的起步时期，而且公司也刚从困难时期复苏过来，刚扭亏为盈，没有经济实力实行带薪休假，所以办公室将其给筛下去了。或者办公室对有些意见进行适当的修改、改善，然后再提交上去。到目前为止，三届联络员一共向办公室提交了200多条信息，但最后被递交给总经理的是102条。2006年他们一共提交了48条，最后给总经理的是23条。

被提交上去的信息，总经理会逐条批示，并直接交由集团公司分管的副总经理，由他拿出意见，再让分管该事务的具体办公室或人员去落实。经过一段时间以后，办公室会根据总经理的批示，去确认谁是负责人，整改到什么程度，或采纳到什么程度，把结果搜集回来，再将落实情况反馈给联络员及相关的企业部门。这套模式，在分厂或分公司也得到了采纳和实施，即各个分厂厂长或分公司经理都有自己的厂长（或经理）联络员。

5. 组织对成员的认可、承诺与支持

人与人之间的相互吸引、认可、尊重及承诺等，是其交往关系能持续稳定发展的重要影响因素。这在组织与成员之间的关系上，也是如此。组织对成员的认可、承诺和支持也是培养、提升和维系成员对组织的依赖、认同、归属与承诺的重要环节。

（1）评优活动及相应的奖励措施。这种活动实质上就是对成员的工作及其努力的承认和认可。前面讨论企业工会问题时已经谈及这个方面，不过，这里我们更细致地从员工参与的角度来分析。奖励可以是物质性的，也可以是精神性的。不过，这种举措能否真正有效且吸引所有成员的参加，有以下几个问题需要考虑：首先是成员的参与度高不高，是主动的还是被动的，是形式化的还是实质性的，这是参与的动员机制问题。其次是成员对这个荣誉是否认可或向往，或者这种荣誉是否真能发挥激励作用。再次，在这个参与过程中，是否大家都有机会，这涉及的是开放程度与公正程度问题。我们的调查对象SHW描述了一个比较成功的例子。在公司SH，非常强调所有员工的参与，只要个人觉得自己有这个能力和成绩，就可以报名参加，而且在这个过程中，从自荐、部门推荐、自我陈述、组织评选等，都强调公开和

公正的原则。最后,评选结果出来后,也不像以前那样给奖金,而是以一种"送事业"的方式来激励他们。比如他们的"十佳青年"评选出来后,第一期曾送到某市航空公司去考察、学习其规范化管理模式;第二期是前往青岛海尔考察,以感受自身与先进企业之间的差距;第三期则去深圳华为、万科,学习其人性化管理和比较西方化的管理模式等。另外,公司领导也会与其进行定期的交流座谈,以自身经历来鼓励他们。公司还会对他们进行宣传,比如在他们的杂志上做封面人物介绍。这些措施,既是对员工的认可并给予荣誉,也给员工提供了未来发展机会。

从成员角度看,他们对这种荣誉是非常重视的,因为他们感受到了这种认可和承认。比如,我们的调查对象 UYS 就给我们讲了一个关于他们销售总监的例子。

> 现在的那个销售总监,他在公司待了十几年。他就跟我说,最早的时候很不开心,说自己是合同工,然后能拿到那么大的单子,最后他老板,香港人,飞去参加公司的每年年终 top sales 的 club,他自己很不开心。后来成为正式员工后就可以去参加了,也就开心了,后来他自己做得越来越好。他有一天跟我说,我从进来到现在,我每年得的所有那个奖励,不管是那个什么 top sales 的奖杯也好,五年 service 的那个证明也好,还包括 top sales 发的那个葡萄酒杯啊,好几个,他专门就在他家里的一个柜子里面就这么摆上去,他会有这种感觉。然后我们公司可能是为了节省费用的原因,最近两三年取消了这个 top sales club,他非常不满意,他不是为了要出去玩,也不是为了说要给点奖励,他说,那个感觉就是不一样。

（2）安全感和依赖感。一个不能给成员提供基本的安全感的组织是不可能获得成员的承诺和努力回报的。而最能给员工提供安全感的就是长期合同制度（或者是一种隐性的长期合同），我们的调查对象UYS描述了她曾在两个公司的不同感受。

（现在这个公司）我们正式员工都是签长期合同的，它愿意给你个安全感。（当然）你要是在这里做得不开心，你什么时候都可以走。我以前在法国公司待过，不过他们都是三年一签，我在那个法国公司我就会在想，我三年以后可能……就再怎么样？那个公司就像在那个时候说 restructure 的话，那就跟我一点关系都没有，那或者是那个时候我可能就离开公司再走啦什么。那在这边这个长期合同中，只要我安安稳稳，踏踏实实地干活，我就可以在这里一直干下去，除非是有原因的，公司不会轻易 layoff，公司 layoff 的原因一个就是说，公司的整体利益，利润在降低，没办法，这是全球性的一个做法。比如说，假如他最近说要全球 layoff 百分之十，那从 CEO 那边就是说，没有办法，我必须得做出个决定，那以前也有过，那对我个人来说，我就觉得这是没办法的，这是为公司的整体利益来考虑。那如果到时候老板来找我说，没办法，我们必须得减掉一个人，（那我也会接受的）。在这方面我就是觉得，在长期合同中有一种跟公司的认同感，这确实是不一样，我觉得叫我签三年的合同，我肯定是在想，哎呀，不知道干吗，这公司又跟我没啥关系。

我们可以再细致对这种安全感和认同感进行解释，在长期合同下：①成员的未来利益和预期有了制度性保障，这有利于其集中精力去寻找自身与公司的共同利益的切合点。或者说，专用性人力资本投资的可能性就更高些。②这也有助于成员在公司内去思考自己的未来职业发展，这样，长期合同也为公司精心培训、培养员工提供了可能，成员也愿意去接受这种培养和形塑。③公司不会采取一些引发短期行为的考核方式。④通过与周围外群体的比较，长期合同能提供一种稳定感和安全感。⑤公司对成员的承诺也会得到成员的承诺，即在公司因整体利润下降而必须裁员的情况下，成员也较容易接受这种措施。⑥长期合同也有助于提供一种稳定的交往环境，有助于成员之间逐渐建立起信任与友谊，这为公司内部的社会性空间的发展提供了机会。正如布劳（1986）所指出的，组织内部的合作和内聚力，取决于三个条件，即职业保障、形成共同规则的机会以及主管人的评价，而长期合同在这三个方面都提供了前提保证。

还有像解雇壁垒的设置，即一些公司在解雇员工时，会对员工进行补偿，即根据个人在企业的工作年限，在辞退员工时，会补偿"n+1"个月的工资。比如在公司工作了4年，那么辞退时会补偿5个月的工资，当然，这就与签约时间的长短有关系。如果公司是长期合同，那么这就可能有很高额的补偿，不过，一般来说，即便是这种长期合同，也有个最高限度的补偿，即一年的工资为限。显然，在一定限度上，成员在公司工作时间较长时，其解雇壁垒也就较高。另外，有的公司甚至会设定一个最低月薪补偿额，比如，可能设定了每月至少要补偿5000元，对于那些月薪超过5000元的员工，则仍然按其月薪为基准进行补偿，但是对于那些低于此月薪的员工，那么就一概以5000元为月薪来计算补偿金。这在无形中，对个体提供了一种承诺和保障。

此外还有这样的承诺：在员工患病或女员工在生育与哺乳期，会尽量保留其职位，并且照常发放工资。像我们的一些调查对象也曾指出，公司根据法规，在给以一定补偿金的情况下可以解除劳动合同，但是公司通常并不会这样做，而是保留其职位，调用其他部门的人来暂时接替或者找临时工。还有的公司会实行年功工资制度，这一方面是对员工以往努力的认可，另一方面也可以吸引员工继续留在企业中。综合来说，这些措施是组织对成员发出的一系列信号，表明组织对成员的努力的认可和承认，并且适当地也表示出一种对其未来的承诺，以此来激励他们，并培养他们对组织的回报、认同和归属。当然，这里列举出来的措施有的可能会直接带来员工的认可，如评优送事业，也有的只能是间接发生作用，或者只是从反面来防止员工出现负面情绪。

总之，以上列举出来的方面，可能只是企业为提高员工满意度和促进其组织认同感的部分方式，或者在很多企业中，可能并不会采取所有的这些方式，但是我们所关注的问题，与前面对企业工会问题的讨论一样，我们不是注重其具体的举措，而是这些举措背后所反映的企业治理逻辑和机制。

三 小结：员工满意度与组织认同

从我们的调查经验看，这些年来，很多企业都已经开始进行诸如员工满意度、员工敬业度、员工离职原因等各种调查，来了解企业内部员工的社会心理状态。特别是对于那些有一定组织规模、并且开始走上持续发展道路的企业来说，更是如此[①]。因为员工满意度是影响

[①] 笔者在对一个员工进行访谈时，他就说了这样一个事例：他们公司最初也就不到100人，后来公司通过不断的融资以及和其他公司的组合，现在发展到上千人，他们的老总也是在这些年开始注重员工满意度的调查了，因为确实公司已经面临很大压力去整合这么庞大的一支队伍。而且他们老总甚至公开对员工说过，他以前还确实不敢做这种员工满意度的调查，他说他知道调查结果肯定是不会满意的，但现在已经不得不这么做了，因为公司的持续快速发展需要员工的投入和认同，所以公司已经想办法去实行内部的凝聚和整合了，包括从香港请来职业的CEO等。

其组织认同和承诺的重要因素之一，而影响员工满意度的因素则非常多，我们前面也已经指出了一些，比如提供比较合理的薪酬、改善工作环境和劳动保护设施、提供参与规章制度制定的机会和渠道等，还有就是我们在本章中所讨论的员工参与。我们这里主要对上面的各种措施进行一个系统的梳理，让其中的关联更为清晰。

我们可以从三个方面来建立员工参与和满意度之间的关联：即员工个体的自我发展、员工与他人的社会关系、员工与工作场所（或单位）的关系。

在很多企业的制度设置中，开始逐步对每个员工的工作进行一种类似"泰勒制"的科学化、程序化管理，即不断将其工作目标和技能标准化或者量化。像很多企业中都制定了员工的具体岗位目标责任书或手册，同时有一些相应的测评和考核方式来进行衡量。通过这些方式，对员工的行为进行控制和引导，以保持整个企业组织的"目标—手段"链的系统性和连续性，使整个企业能正常运转。同时，企业为了自身的发展，开始设置了诸如人才库、梯队建设、潜力员工挖掘等制度，这种设置一方面为企业准备其所需的特殊技能人才和管理人才，另一方面也让员工获得了自我发展的空间和机会，这成为一个非常重要的诱导激励机制。而且在这些过程中，企业会提供相应的培训机会，这些也是员工所期望的，因为这是员工自我发展的重要的支持。此外，企业也会采取考核、竞聘、推荐等方式来形成一种内部劳动力市场，从而激发企业内部的活力。有条件的企业可能还会采取更进一步的激励方式，就是提供一些条件让有创造力的员工实行个人的一些创新想法，促进其个人事业发展。当然，这也是在为企业寻找新的增长点，这构成了一种目标激励（Clark & Wilson，1961）。

员工的社会关系是直接影响其满意度的另一个因素，这也就是组织认同研究中所说的社会关系凝聚力（sociometric cohesion）指标。首先就是企业（主）与员工的关系，通过给员工缴纳社会保险、解决在当地的居住证、帮助解决小孩上学问题、给农民工解决户口等方式，尽量对（至少部分优秀）员工进行"施惠"，建立起一种互惠关系，这样可以通过一种人情法则让员工对企业产生认同感。其次就是积极改善各级管理层与员工的关系，这个包括在制度设置上强调管理层对下级工作的支持，积极推进他们之间适当的情感交流，保持彼此间的尊重和信任关系。这能够让员工获得一种对于成果的共享感，同时，这也能防止员工的边缘化，通过吸纳让员工产生归属感。这种积极关系也能及时获取员工的建议或不满等，能够及时予以控制和解决。此外也要提供氛围让员工之间建立起良好的社会关系，比如提供相互学习交流的机会，提供一些集体活动让员工积极参与等。

最后，我们还要注意员工在具体工作中的参与，这包括员工如何积极进入工作状态。像我们在LK集团中看到的班前会上的仪式性动员，包括"军事化管理"式的点名、报告、工作事项和安全注意事项的复述程序、唱安全歌、背安全誓词等，都在调动整个员工的注意力和情感。这种成员的共同在场、共同关注点、共同情绪、身体的互动和言语的共同节奏等，通过这些物理性情境来不断提高员工的情感能量，而且由于每天都有这种特定情境的再现（representation）。这样，用柯林斯（Collins，1981）的话来说，一种特定的社会结构也就从中产生了，参与者感觉到他们构成了一个群体，彼此间负有道德义务，并且会对那些触犯群体规范的行为进行较为严厉的惩罚，明确群体内部规范。即一方面这种具体情境激发出员工的情感性认同，另一方面也在一定程度上提高员工的规范性认同。

与员工工作相关的另一重要方面就是企业内部必须有畅通的信息反映渠道。其实在生产经营或行政系统中，有一整套的层级化的信息传递渠道，但在这种层级化信息渠道之外，需要有其他的渠道来使各种信息得到反映和反馈，从员工的个人生活、工作问题到公司的生产经营问题等，这可以表现为越级的申诉，也可以表现为让基层了解和关心企业的员工提出合理化建议。特别是像 LK 集团中设置的总经理联络员制度，通过反映跨车间、跨部门、跨领域的可能重大问题，能够让企业减少出现一些结构性的矛盾或忽视了一些结构性的缝隙，起到"黏合"和"活络"的作用。

此外，组织对成员的认可、承诺和支持构成了员工工作参与和组织认同的另一重要因素。通常各种评优活动及相应的奖励措施，尤其是那种与员工自身的发展有密切关联的培训、考察、晋升机会等奖励措施，在保证公开公正的情况下，直接影响员工的参与度和投入度。另外，诸如长期合同、解雇壁垒以及在员工患病尤其是女员工在相对长期的生育与哺乳期提供的职业保障等，有助于形成共同规则，同时可以让员工的未来利益和预期有制度性保障，从而提高其安全感和依赖感，实现组织内部的利益共同体。

我们可以用员工自己的感受来总结本章对员工满意度和组织认同的分析。由于我们主要在 LK 集团中做了较多的员工访谈，而且本文也使用了很多在该集团中做的访谈材料，所以我们就以这些员工的感受为例。

首先是员工的工作环境。员工 LHTYP 说，在他 18 岁开始去采矿时，确实不知道害怕，老工人让怎么干就怎么干，当时各种规章制度和相应措施都不健全，而且当时也注重的是生产、讲的是"开门红""年产量"等，至于质量和安全之类的都是次要的。而后来从 1987 年开始实行从严治矿、依法治矿以来，他就开始对以前工作环境感到"后怕"，而且也对现在的规章制度特别满意。一些原来大家都不容易改的习惯，比如在厂矿抽烟、喝酒，都在从严治矿活动中整顿好了。另外厂矿的内部设施，用他的话来说，就跟地铁一样了，当被《新闻联播》播放出来时，他父亲等老一辈采煤工人都认不出来是他们的厂矿，而且厂矿井面上的卫生环境也极大改善。这些都是员工非常认可和满意的地方。员工 LHTMGP 也给我们讲了相类似的对比，以前也特别担心危险，身边经常会出现一些事故，而现在不仅安全条件大为改善，劳动条件也改善很多。以前下井，他说除了牙齿是白的，全身都是黑的，而现在消尘、防矽肺等呼吸道疾病方面，还有洗浴条件、食堂饮食条件等都大为改善。员工 JXGJN 也讲了他们机修部门在工作环境上的改善，他们以前基本上都是围着小炉子，都很冷，所以干活也不行。现在保暖设施都相当好，员工干活也高兴，这样企业也能获得好的效益，员工自然也就有了好收入，这就是良性循环。

其次是工资待遇和社会地位方面。员工 LHTYP 甚至还讲到了自身体验到的社会地位的提高，以前矿工工资低、又不安全，劳动条件差，都被称为是"下洞"的，所以别人问自己在哪工作时，都不好意思说自己是矿工。但后来经济效益好转后，就开始有了明显的自豪感。员工 LHTMGP 直接算了一笔账，他们井下矿工，除去跟别人一样有的基本工资、奖金之外，额外多出两个部分，一个就是每下井一次 20 元，一个月下井 20 次就 400 元，而井下作业是属于高危区域作业，有一个风险金补贴，一个班是 20 元，上 20 个班，又是 400 元，所以就这两样，就能多出 800 元。而在当地餐馆当一般的服务员，工资大概一个月就是四五百元。现在他们厂矿中的安全措施一直做得非常不错，所以就更具有吸引力了。我们在该集团公司调研时，员工、各层领导干部及工会工作人员都给我们进行了一个非常鲜明的前后对比，公司的效益一直在增长，员工的工资也在连年增加，员工在公司中不仅生活得到了改善，工作条件也得到了改善。而且他们员工和领导也一再跟当地的其他单位（比如他们的供电部和当地的电力部门、他们的炼油厂和当地的石化部门、他们的运输部与当地的铁道部门等进行比较）的工资待遇水平进行对比，都明显感觉到一种前后对比的满足以及和周边对比后的相对平衡和满意。

再就是员工的文化娱乐生活方面。员工 LHTMGP 说，现在员工的素质也大为提高。以前员工劳动强度大，没有什么文化娱乐生活，更没有学习培训的时间，所以他们就是上班下班，所谓的娱乐生活就是喝喝小酒，所以也就造成员工的思想素质、队伍素质相对不高。他甚至开玩笑说，那时别说工人很少有坐下来看看报纸、说说国家大事的，就连说话可能是张嘴就是粗话，不骂人也不会说话了。当然，这也是与厂容厂貌的翻新有关，大家也有地方和心思去看看书报、听听新闻；另外，在他们矿里，还建有广场，过去的时候都是小矮房，吃完饭都没地方去，现在有地方四处溜达，而且有游泳池、篮球场等。

最后是个人的意见或问题的反映和落实方面。前面对于企业工会的研究已经指出，员工可以通过工会的渠道来反映个人的生活问题和工作问题，此外，还有一些其他的渠道进行问题和意见的反映，比如对于一些纯属个人的事，也可以直接找自己的班组长，由班组长反映给车间主任；对于一些违纪的情况可以向单位的纪委、监察室、党委这些途径反映；还有比如发现了有人隐瞒生产事故的，可以向安全处打电话举报；我们还指出，员工需要有申诉的渠道和机会，这样能起到一种缓和的作用，成为"安全阀"；另外，我们还看到企业会设置诸如 LK 集团的各种"联络员"渠道，以便在上下之间进行更快捷的信息反映和反馈，这有助于在"官僚制"的信息渠道旁边补充一些更多元的信息渠道。

总之，本章所要强调的是，员工的自我规划和发展、企业内部良性的社会关系、企业对成员的认同和承诺、员工的生活环境和工作环境、员工在工作中的投入度、企业中多元化的信息渠道，等等，直接影响着员工在企业中的满足感和满意度,从而对组织产生的依赖、认同、归属和承诺。而且我们在分析过程中也看到,不能先验的预设组织中不同个体的利益结构并预设彼此间的对立,从而考察这些不同的理性个体之间复杂的博弈模型,而是应该结合企业组织内部的具体制度安排,以及员工在这些制度安排和具体情境下又是如何与组织进行互动的过程,来考察员工的自我意识结构是如何在组织中逐步展开和发展的。我们强调,组织的发展与自我的发展完全可能是一种相互促进的双向过程。

第四章
结论：企业组织团结的社会过程

一 企业组织团结的社会过程

本书开篇就指出，组织团结是考察企业组织的一个重要的综合性视角，特别是在目前转型时期，采用组织团结作为视角，能帮助我们更好地去理解当前中国企业组织与制度的变迁过程（李汉林、渠敬东、夏传玲、陈华珊，2006）。那么，组织团结是怎么产生的呢？其具体的社会过程又如何？本研究主要是围绕企业员工的满意度、认同感以及企业组织内部的集体情感和共识等问题展开，切入点是企业工会的职能以及由其进一步引出的员工参与问题。在前面的分析中我们已经指出其对于提高员工满意度和组织认同感、提高企业制度与规范的合法性、协调企业内部的组织结构矛盾、增强企业组织内在的集体情感和共识等具有重要作用，而这些正是我们提出的组织团结概念的具体发生过程。在这里，我们不再复述前面分析中的细节内容，而是努力抽取一部分重要的社会过程，建立起一些组织团结的模型。在建立这些模型时，我们是将企业工会或员工参与所能带来的各种功能或过程抽离出来，即在这些功能或过程之间建立起一些模型。

在模型的建构中，我们借用了马修（1998）的一些有关团结的概念，因为这些概念比较适合我们所要描述的那些过程。马修在回答"市场交换是否构成团结"这一问题时提出了他的社会团结理论。当然，他的理论正是延续着涂尔干、帕森斯等人的分析传统来更细致、更具体地展开的。他认为，交换本身体现出来的是一种互补性的关系，其中没有什么共同性的东西。因此，作为联系形式的市场本身不是团结性的，但是，关键点在于，在契约伙伴之间，除了使他们合作并体现在协议条件中的互补性利益之外，他们还有一些共同的利益或旨趣，这包括三个层面：①他们在保证合作关系本身的稳定可靠方面有共同的利益或旨趣，以便通过此种关系来实现各自不同的利益；②为了使这种关系和契约得到确认和维持，他们有维系制度性体系（如法律体系）方面的共同利益或旨趣；③他们在维持更大共同体的团结方面也具有同样的利益或旨趣，因为这一共同体内部的各种关系即显现为秩序，并由各种制度加以支撑①。总之，在缔约各方互惠的工具性利益之外，存在三个层面的共同利益或旨趣，即三个层面的团结，即关系性（relational）团结、制度性（institutional）团结和共同体（communal）团结。因此，在考察现代社会团结结构时，需要从四个层面着手，即共同利益模式、团结性关系、团结性制度和支撑性共同体。在这里，结合我们的经验分析，我们认为对于企业组织团结，也可以从类似的层面出发建立起四个基本模型，分别是自我利益结构、关系性团结、制度性团结和社会性共同体团结。

1. 自我利益结构模型

首先是员工自我利益的实现，从而获得满足感和幸福感，这是组织

---

① 其实涂尔干（2000）对功利主义用个人的契约来解释社会秩序的批评也就包含了这三个层面的考虑。个体利益所达成的契约背后有着一套特定法律规范来支撑，而这套法律规范又反映着特定的集体意识和情感。

团结的基本前提之一,如果员工在企业中实现不了自己的利益和发展,企业组织很难获得长期的、稳定的凝聚力和向心力。这种自我利益,既包括眼下的物质利益,比如工资分配、福利奖励,也包括未来的发展预期。所以企业组织内部能否提供这样的机会或渠道,自然是影响员工满意度和认同感的重要因素。在图 4-1 中我们建立了一个有关员工自我利益结构的模型[1]。

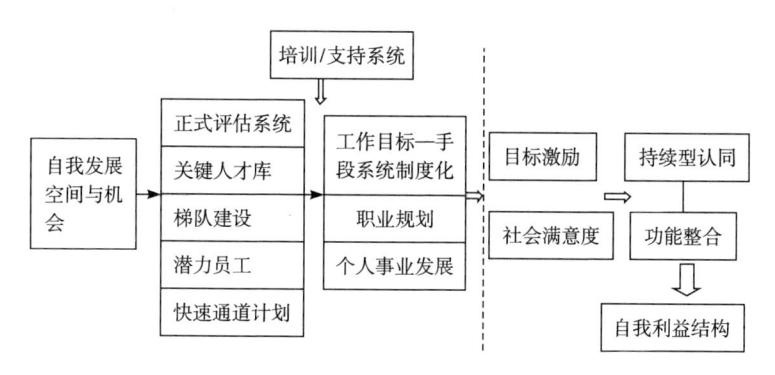

图 4-1 员工自我利益结构模型

从图 4-1 的模型中可以看到:企业组织应该提供员工自我发展的空间和机会,并提供必要的培训等支持手段,这样,让员工最初比较模糊的目标(比如自我发展)能在企业组织中找到明确的方向(比如在某时间内成为某部门经理)。这样,企业组织就能够提供足够的制度支持和保证,让员工对企业产生持续性认同(Allen & Meyer,1990),而且那些职业规划也可以成为一种目标激励(Clark & Wilson,1961),引导员工对企业的积极投入和依赖,由此可以围绕利益满足和依赖而形成组织内部的功能整合(Feldman,1968)。

---

[1] 这里需要说明的是,我们反对用理性选择理论模型,但是并不表示我们反对"利益"概念,而是说不能像理性选择模型那样使用"利益"概念,更不能简单用权衡算计来描述个体的自我意识结构及其社会行动。

2. 关系性团结模型

员工的社会关系是直接影响其满意度的另一个因素，构成了组织认同的社会关系凝聚力指标（Gross & Martin，1952）。这包括企业（主）如何与员工之间建立起互惠关系，从而诉诸人情法则（黄光国，1988）来让员工产生认同感；管理层与员工之间又是如何改善组织中的垂直关系，在彼此之间建立起相互的尊重和信任，并让员工获得一种对成果的共享感且防止员工的边缘化；还有就是让员工之间建立起良好的社会关系，增强内部的社会支持和信任；最后我们还强调内部的社会互助和帮扶是融洽关系和增强集体归属感的重要因素。具体过程可以参看图4-2。

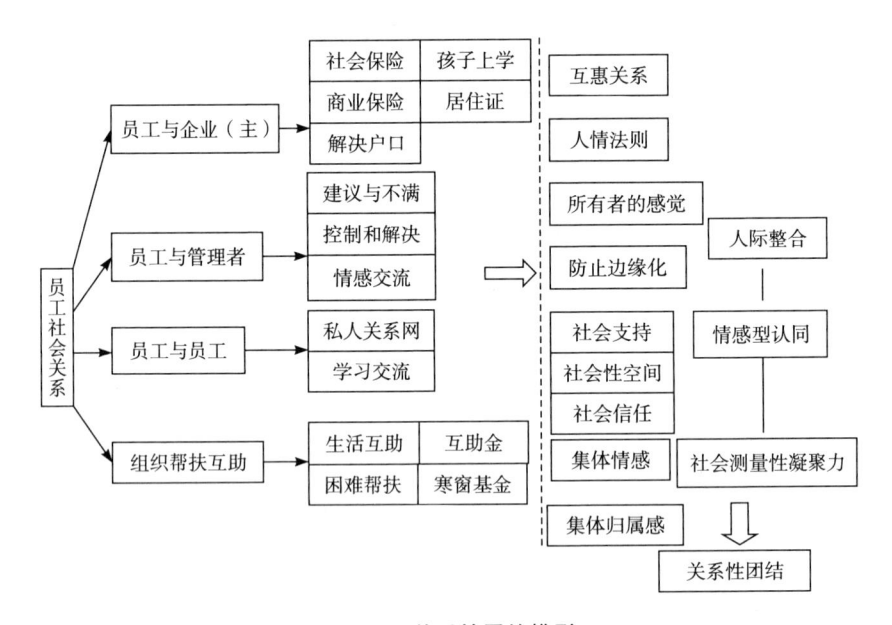

图4-2 关系性团结模型

从图4-2中看到，企业组织中的社会关系（或其他成员）对成员如果具有社会吸引力，那么彼此之间容易产生情感型认同（Allen & Meyer, 1990），这样，企业组织可以通过人际整合来获得自身的凝聚力（Feldman, 1968），关系性团结也就从中产生了。

3. 制度性团结模型

"制度决定绩效"的一个重要前提是制度具有合法性和权威性，能够得到员工的认同和接受，这样才能降低制度执行成本，提高制度运作效率，而且避免可能出现诸如"变通""扭曲"等非预期性后果。员工能否参与制度与规范的制定过程是一个重要影响方面。图4-3描述了这个具体过程。

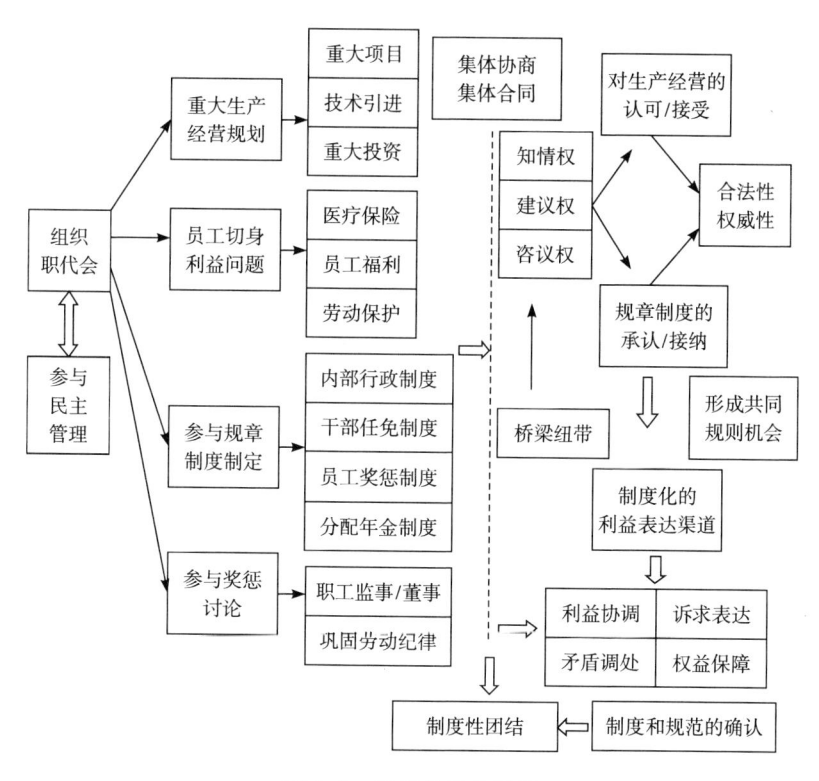

图 4-3 制度性团结模型

从图4-3中可以看到，围绕企业的重大生产经营规划、与员工切身利益紧密相关的问题、规章制度的制定、员工奖惩等问题的参与，都是非常重要的影响制度合法性和权威性的因素。在这个过程中，员工获得了知情权、建议权、咨议权，从而其利益可以得到组织化的、制度化的表达，这样的制度结果能够实现企业内部的利益协调、诉求表达、矛盾调处和权益保障（王兆国，2005）。这样，制度才能真正对员工的行为进行"规范"（李汉林，渠敬东，2003），实现制度性团结。

4. 社会性共同体团结模型

涂尔干（2000）在谈论分工问题时，指出了契约本身并不能带来积极的社会团结，而体现在契约背后的"非契约因素"才是契约有效性、合法性和约束力的基础。实际上，涂尔干（1996；2003）后来在社会团结的纽带问题上，重新强调了集体情感或集体良知的重要意义，即他认为现代社会团结需要诉诸道德个人主义或人格崇拜。而且他希望通过复兴职业群体（法团）来应对经济领域中出现的失范问题，这被认为是一种向"机械团结"的复归（帕森斯，2003）。当然，这种复归，不是一种简单的复兴或回归传统的共同体状态（Crow，2002），而必须在新的基础上去建立一种社会性共同体（societal community）（Parsons，1977）。在这里，参与和沟通是非常重要的机制，正如马修（1998）所说的，帕森斯提出的基于自由自愿联合而成的社会性共同体构成了现代社会团结的组织基础。

对于这个问题的理解，我们还是应该先回到涂尔干（2000；2001）对法团（职业群体）的考察上来。在他看来，法团最重要的基础是公共精神，并且有着自己的集体仪式和相伴随的集体情感，在这个团体中，经济生活与社会（道德）生活融合在一起。所以，"法团的意义，不仅在于每个作为法人或契约当事人（法律人）、雇主或雇工（经济人）或权利载体（政治人）的群体成员共同组成了社会基本单位，并从中获得了相互认同和沟通的关系纽带，而且也在于这种组合在各式各样的职业中确立了职业伦理和法律准则，为行动反思、价值判断和信任建立了一整套公共制度和社会精神，使每个社会成员成为完整的'社会人'"（渠敬东，2006：140）。不过正如前面在介绍柯林斯时所指出的那样，这种集体情感是需要有一定的仪式为基础的。但是涂尔干所描述的那种仪式似乎并不是我们现在日常生活中所能见到的，所以需要寻找新的仪式。柯林斯结合戈夫曼的启示，将仪式概念带入日常生活中的具体的社会互动中来，甚至某种特定的交谈也能成为一种仪式，从而也就提出了他的仪式团结理论。其实这种仪式团结理论所描述的过程就是一种社会性共同体的集体情感和意识的不断产生和强化的过程，所以我们可以借用他的分析框架来理解社会性共同体团结过程。这个过程在图4-4中得到体现。

从图4-4中可以看到企业组织中，企业的组织结构一方面可能来自一种特定的职位、制度和各种角色的社会安排，但另一方面，也来自员工的那种日常性工作参与过程中不断生产和再生产出来的物理情境。在这种情境中，特定的道德密度和物质密度的不断再现，在员工的自我意识中产生出了一种结构化的"不同种类的群体象征意识和感情意识"（柯林斯，2001）。这样，一种集体的道德义务感、集体情感也就逐渐产生了，并且会通过各种象征符号表现出来。而对于那些违反集体规范和情感的个体，就必须进行比较严厉的惩罚，而且同样是通过一种仪式性的场合（比如召开全车间员工大会）来执行这种惩罚，重新确认并强化群体的规范和义务。总的来说，在这个过程中，

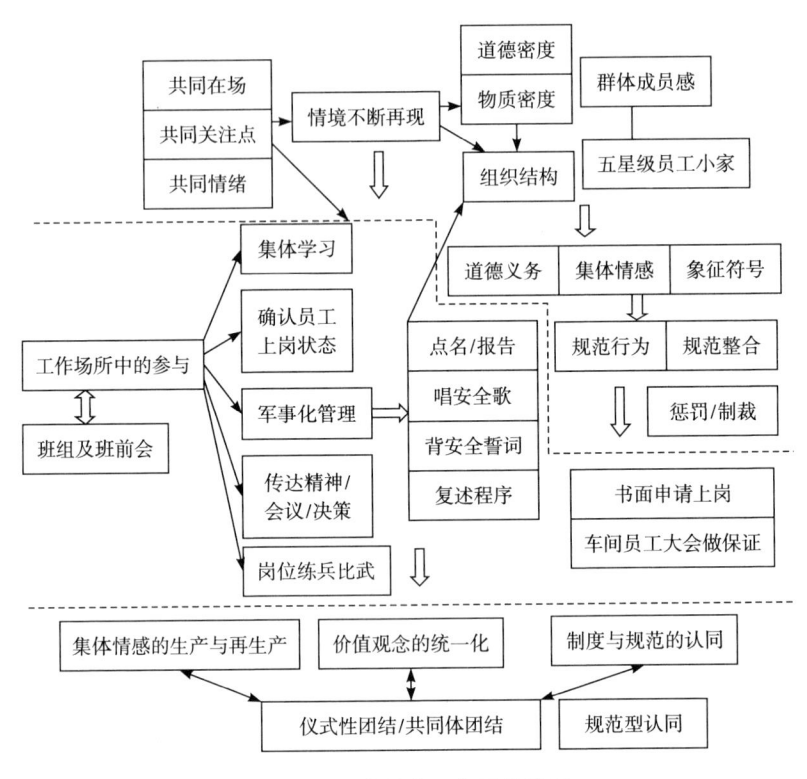

图 4-4　社会性共同体团结模型

重要的是集体情感的生产与再生产、价值观念的统一化和成员对制度与规范的认同，从而在企业组织中产生一种规范型认同，并实现规范整合（Allen & Meyer，1990；Feldman，1968）。这也就是一种社会性共同体团结模型。

5. 行政与非行政协助/协调模型

除了上面的几个团结模型，还有很多对于企业组织团结具有非常重要的社会过程在这里没有进行汇总并建立某种模型，比如企业工会的各种福利职能，企业组织中的多元化的信息渠道，企业组织对员工的认可和承诺等。我们这里还要建立一个行政与非行政之间的协助和协调模型。主要是因为企业组织虽然是一种经济组织，但它还有很多非生产经营性事务需要协调和处理，而这又需要在这些事务之间进行整合。另外，企业生产经营系统自身内部虽然存在一个比较清晰的结构/功能架构，但在这种即事性的结构中，可能会出现一些结构性矛盾或摩擦，从而需要有相应的协调方式。具体模型可以见图4-5。

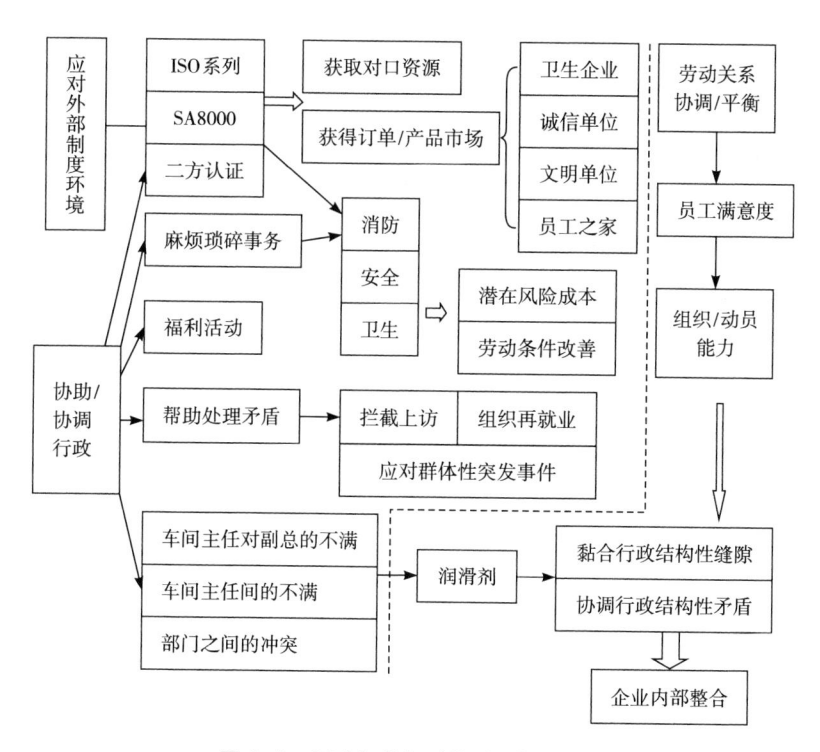

图4-5 行政与非行政协助/协调模型

在图4-5中，我们可以看到企业有相应的部门（主要是企业工会）负责处理各种非行政事务，并且通过这种应对来为组织获取一些对口资源。不过我们更关心的是这种安排对于企业内部运作的影响，尤其是对于劳动关系的平衡和协调方面；另一个就是企业内部通过企业工会或类似的部门来帮助协调组织内部的结构性矛盾问题。而且在这过程中，我们可以看到制度化的结果与企业内部的自身运作需求相结合的过程，即一方面企业内部需要有相应的部门来处理一些非行政事务，包括协调企业行政之间的结构性矛盾，另一方面，外部的制度环境要求企业内部必须设置企业工会。因此，企业可以通过设立企业工会的方式同时满足这两个方面：一方面，可以让工会去处理相应的非行政事务，并且通过灵活的方式来帮助缓和企业内部的结构性紧张；另一方面，企业也可以通过工会部门的设立来争取外部的对口资源或社会声望。我们简单地称之为企业内部的行政与非行政部门的整合。

6. 结论

总之，本研究是从企业工会的具体职能和员工参与问题着手，考察企业组织内部围绕员工的管理所设立的制度安排和具体组织行为。通过对不同所有制类型、不同组织规模、不同行业性质、不同地域的诸多企业的调研，我们发现，企业工会并非像人们所想象的那样在企业中是形式化的、无所作为，也不像一些研究者所期望的那样，成为员工的利益代表组织并与企业一方通过集体谈判的方式，来达到劳动关系双方的一种力量均衡。当然，也不像一些研究者所指出的那样，完全成了行政的附庸，甚至成为员工的对立面。笔者认为，企业工会是介于企业与员工之间的桥梁和纽带，发挥着引导员工参与、促进企业组织团结的职能。

我们的调查发现，企业工会通过诸多活动或引导员工的积极参与来发挥很多能够促进企业组织团结的职能，比如各种福利生活方面的职能、组织职代会和参与规章制度的制定、组织合理化建议活动与信息传递、协助和协调企业行政等。此外，从员工参与的角度看，我们还看到企业内部提供了诸多安排来促进企业组织团结，比如不仅提供合适的薪酬福利待遇，改善劳动环境和工作条件，而且还给员工提供自我实现和自我发展的机会和空间、营造积极和睦的社会关系环境、提高对成员的认同和承诺、增强员工在工作中的投入度、设置多元化的信息渠道等。通过以上设置和安排，员工逐渐在企业中找到自己的满足感和幸福感，感受到被企业组织的认可、接纳，从而使自身对组织产生真正的依赖、认同、归属和承诺。另外，企业组织也在大家共同参与和投入的情况下，将各种可能的利益诉求（表达）制度化，让不同的利益和要求能够有相互协调和沟通的平台，形成共同的规范与制度，并且在这过程中不断地形成企业内部的集体情感和共识，提高企业组织内部制度与结构的合理性、合法性和合情性。此外，在这些过程中，企业组织行政与非行政之间可以得到相互的协助和协调，让组织运作更灵活有效。而在这整个过程，员工的自我利益的满足、企业内部的关系性团结、制度性团结和社会性共同体团结的建立，再加上企业组织内部结构的相互协调和协助，就构成了整个企业组织团结的社会过程，这也是我们考察企业组织时应该采取的一种总体性视角。图4-6是一个简化的总体模型，在这个模型中，我们可以看到，组织团结不是一个简单的效率/效益原则，诸如利益、效率、互惠、制度与规范、情感、认同、承诺、合法性、义务等问题是相互重叠与嵌入的。如果我们简单套用涂尔干（2000）的概念，利益、法（制度与规范）以及集体意识构成了组织团结的最核心结构。

最后，我们在本研究基础上获得了三个理论启发。首先是我们在考察企业组织团结时，不能像理性选择模型那样先验地预设组织中不同个体的利益结构并预设他们利益之间的对立，而是应该结合企业组织内部的具体制度安排和具体情境下的社会互动来考察个体的自我意

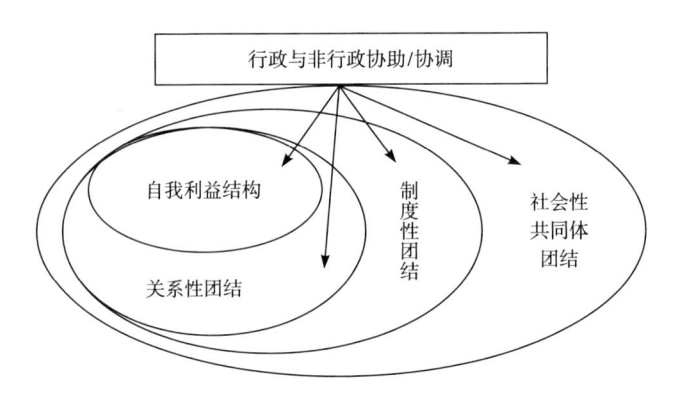

图 4-6 企业组织团结总模型

识结构是如何展开和发展的，从而实现其自我的满足和幸福。所以我们强调，组织的发展与自我的发展完全可能是一种相互促进的过程。其次是有关企业中正式结构与非正式结构的关系问题，这其实也和前一个问题相关。像前面的分析中已经指出的那样，我们不能简单地抽象出一系列的"二元对立"——管理者与工人、理性与情感、正式结构与非正式结构、组织效率与个人需求等（费埃德伯格，2005：31；科塞，1989：38-39）。实际上，企业工会的重要意义就在于通过直接介入员工之中，采用动员和组织的方式，将员工的需求和利益尽量吸纳到制度化的渠道之中，或者通过企业工会组织来将现有的不利于企业组织运作的非正式组织给瓦解掉[①]，或者将其进行转化和吸纳，从而与企业正式结构（即行政系统）建立或松或紧的联系，甚至可以直接由企业工会来办一些非正式组织（比如各种协会、俱乐部等）。这

[①] 课题组在温州调查的一家企业中发现，企业工会特别注重瓦解在员工中容易产生的非正式群体，最明显的就是老乡会这种群体，比如在安排宿舍时，尽量不能让一个宿舍中有同乡的，甚至在生产线上都尽量不安排同乡靠在一起。用该企业工会主席的话说，工会的任务就是要让所有员工成为企业的员工，大家身份是一样的，而不能出现老乡会这种非正式组织对企业产生消极影响。

样，企业组织内在结构可能通过一些中介性组织实现一定程度的相互协调和整合。最后一点启发，就是我们要认识到企业工会与产业工会或行业工会，以及地方工会在性质、职能、地位等各方面所具有的重要区别。一种可能的假设是，产业工会的目标是在劳动者与企业主两个群体之间建立起力量均衡下的利益博弈关系，地方工会的目标是在政府与地方经济部门之间，在社会发展与经济发展之间建立起平衡，而企业工会的目标更多的是在企业内部建立起员工与企业（主）的积极联系，从而实现双赢的劳动关系局面，用现有《企业工会工作条例（试行）》的用词来说，就是要以"共建和谐企业、共谋企业发展、共享发展成果"为工作目标和以"促进企业发展、维护职工权益"为工作原则。

二 讨论：研究中的局限和未来的研究方向

本研究所使用的材料，主要来自对一些企业工会工作情况和员工参与情况所进行的实地调查，因此我们的研究结论在很大程度上受制于现有材料。

首先是在企业的选择上，我们调查的企业，大都是"明星企业"，很多都是受到地方政府特别推荐和关照的，用被调查者的话来说，地方领导经常会去他们那里考察，表示关心和慰问。有的甚至成为国家级的"明星企业"，连续几任的国家领导人都曾经到企业进行过参观考察。所以，在这些企业中，我们基本上看不到明显紧张的劳动关系，而且这些企业也基本都走上正规的、持续的、健康的发展道路。在一定程度上，企业面临的问题不是"原始积累"，即在企业与员工之间进行利益的争夺（通常表现为企业对员工的剥夺），而是如何"将蛋糕做大"的问题。所以，企业中劳动关系的性质很接近"共赢""合作"状态。当然，也正是这种发展阶段的特性，使得员工的管理问题成为组织核心问题之一，即组织团结是它们发展的基础。这种企业状态，也就使得企业工会工作很容易采取《企业工会工作条例（暂行）》中所期望的方式，而且这些方式也是企业组织本身所必需的。但是，这种工作方式对于目前很多企业，特别是处于"原始积累"时期的企业，似乎很难实现。

换言之，我们调查的一般都是经营状况比较好，劳资关系比较良性的企业。所以，企业工会的工作环境和处境是相对优越的。对于那些劳资关系特别差的企业，也许这里描述的组织团结过程可能并不适合，但也可能是其未来的组织图像。还有一个问题就是我们调查的大都是规模大的企业，最小的企业也有两三百人，最大的达到四五万人，这也使得员工问题和企业组织团结更为突出、更为重要。因此本书所讨论的一系列问题可能在小企业中就不一定显得那么紧迫、重要了。另一个是资料上的问题，在各个企业内部做调研时，我们比较多的是接触企业中的上层管理者，而接触一线员工比较少，所以，我们的资料在员工层面是不充分的，这就导致我们的分析更多的是偏向制度或结构的一面，而过程的一面则较少。

还需要说明的是，本研究是一种基于现有材料而进行的探索性研究，所以并不试图发展出一种关于企业组织团结的普遍模式。虽然我们已经尝试建立了一些模型，但是这些模型的进一步细致化，则需要在以后的研究中收集更多的调查资料和数据。所以，本研究实际上只是为后续研究做准备工作。其中一个可能的研究方向，就是通过个案的方式，对某一企业组织中的企业工会工作和员工参与情况进行细致考察和分析，从中我们能更好对企业组织团结的各个方面有更进一步的了解。

附录一
早期工运领袖论工会

我国早期工运领袖们都对企业工会提出了自己的理解，这些都是他们留给我们思考工会问题的重要理论遗产。也许他们所处的特定时期与我们当下的特定时期不同，但是其所面临的问题与我们所面临的问题，有着很多相似之处，所以，梳理他们的理论，对于我们现在思考工会问题，自然有着很大的借鉴和指导意义。

有研究曾指出（Harper，1969），中国工会工作历史上曾经出现过三次危机，除了"文化大革命"这次危机之外，另外两次，分别发生在1951年李立三主持工会工作期间和1957年赖若愚主持工作期间。对于前者，党主要批判其为狭隘的经济主义，而对于后者，党则主要批判其试图脱离党的领导而想获得独立，即工团主义。其实"经济主义"和"工团主义"这两个错误往往是同时出现的，只是可能他们当时提倡的观点的出发点或侧重点不同而已。他们被扣上什么样的"帽子"以及这种"帽子"扣得是否合理，对于我们现在的研究来说没有多大的意义，不过，这倒吸引我们去分析他们提出了什么样的工会观点从而会被扣上"帽子"。事实上，在工会工作第一个阶段，这些被扣上罪名的工会领袖对于工会工作的探索和思考，恰恰代表了早期领袖对工会工作的积极探索和理论思考，而且这种思考已经具有了中国工会工作自身的特性。他们的工会理论对于当下中国工会工作仍然具有重要的参考价值。所以在本附录中，我们主要是通过分析三位工会领袖的理论观点来理解早期工会工作的特点和问题，他们分别是李立三、刘少奇和赖若愚。李立三和赖若愚前后都主持过中华全国总工会工作，而刘少奇曾是全总的名誉主席，也曾是中国早期的工运领袖。

不过，在进一步介绍他们各自的工会思想之前，我们需要了解一个背景，因为有关"经济主义"和"工团主义"等"帽子"，都与当时的一个争论有莫大的关联。工会工作的争论发端于时任中南局第三书记的邓子恢于1950年7月在中南总工会筹委扩大会议上所做的报告，在该报告中，他提出了工会工作的立场、工会要代表工人阶级利益和工会工作作风等三个问题，而其中有关工会工作的立场问题，带来了后来的整个有关工会问题的大争论。在该报告中，邓子恢特别强调了工会应该站在工人阶级的具体立场上，维护工人阶级的利益。工会工作者说话、办事、看问题、提问题、处理问题都应该从这个立场出发，包括在国营企业中，工会不能与行政相混淆，虽然双方都是为工人的利益服务，基本立场是一致的，但是彼此的岗位不同、任务不同，所以具体立场上也是不同的。更重要的是，他还谈到了工会与政府的立场的区别，认为二者有不同的立场和态度，需要工会工作者应该站在工人阶级的立场上，完全从工人阶级的利益出发。如果工会缺乏这样的明确立场，那么它就成为工人不需要的东西了，在企业中有行政一方就够了。但是，时任东北局第一书记的高岗，却专门为此组织写了社论稿《论公营企业中行政与工会立场的一致性》，其中就批评这种说法，认为邓子恢把工人阶级所领导的国家与工人阶级的群众组织对立起来。高岗认为在公营企业中国家机关委派的行政人员的立场与工人阶级的组织，即工会的立场也是一致的（陈君聪、曹宏遂，1988：243–245）。这就引发了党内的一场大争论，李立三和刘少奇都直接介入其中，赖若愚当时并没有介入，但是后来赖若愚的问题同样与这次争论的问题紧密相关。

由于本研究是着重分析企业工会对于企业组织的意义，所以我们对三位领袖的工会理论的梳理，也就主要集中在他们怎么去看待企业工会问题，包括企业中工会与党的关系、工会与行政的关系，以及企业工会的特定的职能和任务等。最后，在本附录小结部分，我们将通过他们的观点引出中国共产党在企业经营与管理上积累的经验和办法，以及工会在其中扮演的角色和具体发挥的作用。

一 李立三论工会工作[①]

李立三对工会工作的研究虽然主要集中在新中国成立前后时期，但是他对工会问题的考虑是全方位的，从性质、职能、地位到具体的运作和建设，以及工会与企业、工会与行政、工会与党、工会与群众的关系，都进行过比较细致的思考。正如现在一些研究者所指出的一样，李立三的工会理论思想，对于正确处理目前社会主义市场经济下的劳动关系问题，仍然具有重要借鉴意义（高爱娣，1999；2004；夏明，2004；王尔玺，1994）。这里，我们集中整理一下他对企业工会问题的探讨。

1. 工会在企业中的工作

1951年9月28日，李立三为全总起草了《关于在新民主主义时期工会工作中几个问题的决议（初步草案）》，虽然这个草案让他在当

[①] 本文所有引用的李立三的报告或文章，都出自《李立三赖若愚论工会》（中国工运学院，1987）。

时有关工会问题的争论中受到了批判[1]，但是其中的很多观点对于现在我们的工会工作仍然具有重要的启发意义。首先是他对工会与企业的关系的论断，他认为，工会在一切工作中，都必须贯彻发展生产、繁荣经济、公私兼顾、劳资两利的方针，所以，不论是在国营企业还是私营企业，工会都应该面向生产，以组织和领导工人群众发扬劳动积极性和创造性，参加国营企业的管理，协助私营企业的资方不断地改进生产，作为自己经常的中心任务[2]。

具体来说，在国营企业中，要通过协商的办法来实现公私兼顾[3]，因此工会的首要任务是动员和组织工人群众，从各方面协助行政，完成行政规定的生产任务，同时也得关注工人的日常利益。但是工会也应该辨别工人的要求，不能陷入经济主义错误。在私营企业中，工会则要掌握好发展生产、劳资两利政策[4]，并且说服资方采取新的与工人协商的民主管理方式，建立新民主主义的新的劳资关系，即民主、

---

[1] 即前文提到的，因邓子恢于 1950 年 7 月在中南总工会筹委扩大会议上所做的报告而引发的争论。李立三当时出于自己对工会工作的思考，写了《关于在新民主主义时期工会工作中几个问题的决议（初步草案）》，同时，在 10 月 2 日他又向毛泽东递交了一份《关于在工会工作中发生争论的问题的意见向毛主席的报告》，也特别谈到了公私关系之间在诸如劳动条件等问题上存在矛盾，而且还认为这种公私关系问题在将来社会主义时期各种对内政策问题上也还是一个主要问题。后来，在 12 月 13 日，召开了全总党组第一次扩大会议，李立三遭到了猛烈批判，由于批判上纲上线，李立三不得不数次违心承认自己犯了"狭隘的经济主义错误"；"使工会脱离党的领导的工团主义错误"等。具体当时的争论起始和过程，可以参考胡其柱（2004）的研究。
[2] 早在 1949 年 8 月全国工会工作会议上，李立三做的《关于工会工作问题》的报告中，就强调了工会的基本任务是参加生产管理，了解和研究生产过程，动员和发挥工人的积极性和创造性，不能把搞生产和保护工人的利益对立起来，二者是统一的。工会就是要帮助行政关心工人，与官僚主义做斗争。
[3] 李立三曾就国营企业问题与陈伯达讨论过一些意见，即《在公营企业中贯彻公私兼顾政策问题的几点意见》（1949 年 6 月 12 日），其中特意讨论了公私兼顾的原因和做法。
[4] 1949 年 5 月 1 日印发的李立三在华北职工代表大会上做的《关于发展生产劳资两利政策的几点强调》报告，就指出在私营企业中，应该坚持"发展生产、劳资两利"。只有发展生产，才能达到劳资两利，也只有实行劳资两利政策，才能达到发展生产的目的。必须给资本家一定的利润，这样他才会安心投资，而且也不影响企业的积累和发展，同样，也必须让工人在可能条件下改善生活，这样工人才会安心生产。

平等、两利、契约的劳资关系，而且要善于运用劳资协商会议，使其不仅是解决劳资争议的机关，而且逐渐成为私营企业改进生产的协商机构，成为私营企业实行管理民主化的组织形式。同样，工会在私营企业中，也需要负起保护工人日常利益的责任。

此外，李立三还在这个《决议》中提出了一些工会参与生产工作时应该采取的方式。比如，首要办法就是组织劳动竞赛，那么工会的作用就是去动员和组织群众，通过鼓励钻研技术、提倡合理化建议、提高劳动生产效率，同时防止过多加班加点，过度消耗工人的体力；工会还应该负起建立、巩固和提高劳动纪律的责任，由于通过群众来进行制裁是最有效的保障劳动纪律方法，因此，必须经过群众讨论和多数同意的方式来制定或修改工厂管理规则；在贯彻公私兼顾、劳资两利的政策方面，最好的办法之一就是由工会代表职工与企业订立集体合同；同时，他提出，争取在增加生产的基础上逐步改善工人生活是工会的基本任务之一；工会必须发扬互助精神，组织工人、职员群众及其家属以互助方法来解决各种日常生活中的困难，如疾病互相看视，建立和扩大储蓄互助金等，这些都是用事实来进行集体主义教育，是工会要起到共产主义学校作用的主要方法之一。

2. 工会与行政之间的关系

李立三于1949年7月10日在北平市职工干部扩大会议上做的《关于工厂管理民主化与劳资纠纷问题》的报告中，指出需要区别工会与行政：行政主要掌握生产计划，工会则要保证生产任务的完成。而且他还特意指出，管委会是行政组织，工会是群众组织，共产党是党的组织，这三个组织都是独立的，谁也不能向谁下命令。党对工会的领导，是通过党在工会中的党组和党员来领导工会的，通过对群众的说服教育，依靠党员的模范作用和核心作用，来使党的意见变成群众的意见。所以说，工会只是受上级工会领导，此外，谁也不能命令工会。

至于工会与行政的关系，他认为应该是互相协商、互相帮助、互相补充①。在1951年3月第二次全国电业会议上，李立三做了《行政与工会的关系》的报告，就工会与行政的相互关系做了更具体的阐述：一方面，工会需要帮助行政，"不能由行政来实施公私兼顾，不要工会是不行的，因为厂长的责任是提高生产、减低成本，谁能提高生产和减低成本，谁就是好厂长，在这样情况下，如果没有工会，行政上就很容易只顾这一方面，而丢掉另一方面。工会是有喊叫作用的。工会用喊叫的方法，时刻使行政注意，使行政上的措施不至倚重倚轻发生偏差。实在来说，这就是工会对行政上的帮助。否则，行政就很容易忘掉公私兼顾……但是，做工会工作的同志们在进行说服行政的工作中，千万不要忘记公私利益基本上是一致的，基本上都是要把生产搞好，若忘记这一条，就会犯片面的工会主义错误"。所以，工会在反映工人要求时，也要注意，对于那些既合理又能办到的，一定要与行政力争，对于虽然合理但是办不到的，则要向工人解释，同时向行政商议能否部分做到，至于既不合理又不能办到的，工会则要反过来说服工人，说服不了，可以号召群众讨论，用群众的力量制裁少数要求过分的人。

另一方面，行政也要帮助工会，虽然"工会工作在形式上往往是给行政上增加些麻烦，但在本质上却是行政唯一的依靠。因为行政要想把生产搞好，必须依靠群众。行政上依靠群众的组织形式就是依靠工会，没有工会，行政上就无所依靠，就不可能把生产搞好。行政上

---

① 《在公营企业中贯彻公私兼顾政策问题的几点意见》（1949年6月12日），这是李立三与陈伯达讨论的一个理论问题的意见。

既须依靠工会,则工会必须经得起依靠,不能一靠就垮。因此行政上有责任来帮助工会强大,要培养工会在群众中的威信"。比如,尽可能解决工会替工人提出来的要求;要在可能条件下使工会多做些讨好的事,行政上自己多做些得罪人的事;等等。简言之,行政应当尊重工会,不应当要求工会"唯命是从",而将工会变成"行政机构的职工科或政治部性质的组织"①。

还有一个关键问题需要说明,这关系到工会与行政以及与企业之间的关系问题。1949年9月7日,李立三在中央燃料工业处华北电业工作会议上,做了《怎样把官僚资本的旧企业改造为新民主主义的新企业》的讲话。他谈到了苏联工厂管理的一个问题,就是当工人组织起来举行暴动,推翻统治政权,自己接收工厂后,怎么去管理工厂便引发了争论。当时有三派主张,一个是托洛茨基主张用军事管理生产,工人军队化,一个是无政府的共产主义者主张将工厂交给工会,国家是管不好的,而列宁对这两派都反对,在军队中是绝对讲究纪律的,没用民主,而工人是需要民主生活的,另一方面,如果按照无政府共产主义者的主张,那么生产又不可能进行。所以,后来第十次联共(布)代表大会上决定工厂由国家管理,工会代表工人参加管理,成立以厂长为主(即厂长负责制)的三角委员会(还有工会主任和党支部书记)。从这个问题上,我们可以看到,李立三本人对行政与工会在企业中不同的作用,以及各自的不可替代性,做了明确的表述。

3. 工会自身的建设问题②

在1949年8月全国工会工作会议上,李立三做了《关于工会工作

---

① 《关于在新民主主义时期工会工作中几个问题的决议(初步草案)》。
② 李立三1949年8月在全国工会工作会议上所做报告《关于工会工作问题》。

问题》的报告，就工会自身的建设问题发表了自己的看法，包括工会的性质，怎么办工会，谁来办，怎么组建工会等问题。首先他指出，在性质上，工会是雇佣劳动者的组织，是工人阶级的群众组织，而不是工人阶级的政党。至于工会该谁来办，怎么办？他特别强调，工会应该由工人自己办，不能由党或行政办，这样就成为官办工会了。因此，工会的干部应该要由工人群众自己选举，而不能由党和行政来委派；另外，工会干部要吃群众的饭，而不能吃公家的饭；所以，工会经费基本上是要群众自己出，以群众的钱做群众的事，不可靠政府来供给。李立三于1949年7月10日在北平市职工干部扩大会议上做的《关于工厂管理民主化与劳资纠纷问题》的报告中，还特意强调了会费一定得工会向职工收取，会员自己去交纳会费，这样工人才会对工会关心，会去过问和批评工会工作，而不能由行政在发工资时代扣会费，否则会使会员交会费失去本来的意义。而最重要的是，工会的事情一定要由工人自己决定。以上归结为两点，即"民主和工人出钱办工会"。此外，工会的事情还要工会会员大家一起来办，所以，他认为，脱离生产的专职工会干部在将来应该要减少，甚至取消，不能让工会的事情变得由他们包办了，只有大家都参与工会工作，才能把工会的事情办好。总之，工会干部必须选举，工会的问题必须经大家讨论，工会的事情必须大家来办，只有实行民主，才能使工会成为真正的群众组织。另外，李立三还讨论了当前形势下怎么组建工会的问题。他认为应该要自上而下组建工会，否则如果单独各自建工会，劳资纠纷更难解决。

4. 劳资冲突问题的解决

就私营企业中劳资关系间可能出现的矛盾问题，李立三在1949年8月13日做了《在全国工会工作会议上关于劳资关系问题的总结》报告。报告中指出，劳资两利是需要通过斗争来争取的，而斗争方式不能再采用罢工、怠工的形式，而是谈判、协商、调解、仲裁和法院裁判。不过，在这里，需要强调的一点就是，工会的职责职能是限于交涉、谈判和协商，就是去和资本家讲道理，不能调解，即工会不能站在两个阶级之间进行"调解"或站在两个阶级之上进行"仲裁"，否则工会就会脱离群众。调解和仲裁是劳动局的责任[1]。此外，劳资两利还需要有政府法令来规范劳资关系。还有一个重要的途径就是签订集体合同，通过工会与资本家团体共同根据各行业具体情况来订立，这样可以在政府规定的大框架内进行详细规定，因此集体合同是实现劳资两利的中心环节。同时，他还强调了一点，就是工商局在一定时期，应该要特别地去给资本家撑撑腰，而且在资本家没有组织起来的时候，应该帮助他们组织起来，这包括将他们组织起来签订集体合同。

总的来说，在李立三看来，工会固然是工人利益的代表，需要维护工人的利益，但是，在新民主主义时期，工厂中基本上不存在对工人的严重压迫和剥削的管理方式，所以在这种情况下，企业工会的工作要进行转变，即主要是围绕企业生产或经济建设为中心和首要任务，只有在企业中发展了生产，繁荣了经济，才能公私兼顾和劳资两利。从这个意义上来说，企业和工人之间基本利益是一致的，工会应代表工人与企业（行政）建立协调的关系，而不是对抗的关系。那么在这种前提下，工会在企业中的作用主要有：①动员与组织群众积极

---

[1] 《关于工厂管理民主化与劳资纠纷问题》中也指出，过去，总工会往往站在工人与资本家之间或之上，造成工会脱离群众。在出现劳资纠纷时，工会应该代表工人利益去与资方交涉，而不是调解劳资纠纷，如果交涉失败，那就请劳动局调解，再无效，就请劳动局召开仲裁会（劳动局主持，总工会、工商局和商会各出一人），再不成功，那就可以向法院起诉，由法庭判决。所以，总工会与劳动局的分工必须明确，工会是代表工人的，劳动局是调解机关。即使是当工会需要去说服工人时，也一定要站在工人立场上，而不是站在中间立场。

生产，比如组织劳动竞赛、提合理化建议等；②规范工人行为和保障劳动纪律，而且通过动员群众的方式来保障纪律；为此，③组织工人参与管理规则的制定或通过，唯有"同意"的规则才能实现管理；④在增加生产的基础上改善工人生活条件，这是工会基本任务之一；⑤组织职工互助，培养集体主义精神或思想教育；⑥代表职工与企业签订集体合同；等等。

二 刘少奇论工会工作

刘少奇很早就是中国工人运动的领导人物，安源工人大罢工中，他和李立三一并成为该次工人运动的核心领袖，而且他也曾经在武汉等大城市中组织过工人运动。在新中国成立之初，他还曾担任过中华全国总工会的名誉主席，因此，他对于工人问题及工人运动有着自己非常切身的感受和理解，他对于工会问题也有比较深刻的思考。他的一些早期的讲话和文章，对于现在的工会问题仍然具有重要的参考价值。

1. 工会组织内部建设问题

刘少奇很早就非常注重工会内部的组织建设问题，不过这个问题与我们的研究关系不是非常大，所以我们这里只是简单地做一个介绍。1938年他在《工会工作大纲》中指出，工人阶级之所以很弱，一个重要原因就在于大多数工人还没有被组织起来，从而缺乏一个动员工人的组织，所以当时尽管国民政府在几年前就颁布了工厂法，但许多厂主无视政府的法令，不在工厂中实行。所以，工会组织在他看来，是工人阶级壮大自己的一个非常重要的组织形式。

至于工会具体怎么来组建和组织，刘少奇早在《工会工作中的三个问题》中指出①，存在三个重要问题。一是工会代表会问题，这样一方面有利于实行民主集中制，另一方面也防止工会与工人之间出现隔膜；二是工会的经费问题，一旦工会中出现了经济纠纷，往往就会导致工会内部的矛盾和分裂，所以必须监督工会的经济，制定出章程法则，而且后来他还特别指出，工会一定要有自己独立的经费，一方面是会员必须缴会费，如果会费不够，那需要政府进行津贴，但要统一地津贴，绝不能再叫工厂去津贴；三是工会基本组织问题，即工会需要有严密的组织，这是为了能让工会在行动上更敏捷，对工人的训练和教育也更便利，信息传递也更灵通，工人之间的联系也就更紧密团结。在《工会工作大纲》中，他曾对工会的组织体系进行了比较系统的构想，即构建一个从中华全国总工会直到区、村工会支部这样一种按地域层级构建的系统，再加上一个按照职业、产业建立的产业工会系统。而且在1949年5月5日，他在华北职工代表会议开幕式上的致辞，即《关于工会工作问题的报告》中特意强调了产业工会或行业工会的设置的重要性，以及如何根据目前的全国形势来进行组建等问题。

2. 工会的职能和任务

作为工人阶级的群众组织，工会的一个重要职能，就是要维护工人的日常经济利益，这一点刘少奇在1933年12月10日写作的《与忽视工人日常经济利益的倾向作斗争》中强调过。当时许多工会的委员会认为工会工作最重要的是诸如扩大红军、查田、经济建设等，从而忽视了保护工人日常经济利益，不去深入了解工人的生活状况，不了解工人有些什么不安的问题，也不去想什么办法来提高工人的生活水平。而他强调，工会恰恰要利用工人群众为自己直接经济利益的斗争，

---

① 该文发表的时间是1926年12月。

来引导工人群众参加苏维埃和红军的建设，只有这样，无产阶级先锋队（共产党）与广大劳动群众才能建立紧密联系。所以，他认为，工会社会经济部应该是工会最重要的一个部。不过，他最后还强调了一点，就是工会也要注意从这些日常问题上来教育工人，提高工人的觉悟，纠正工人中可能存在的行会思想，让工人们认识到不能完全只想着自己的日常利益，还需要考虑未来长远利益。

在这个重要职能的实现过程中，工会的具体工作目标和方式则可能在不同历史时期会有所不同。比如在苏区建设和保护时期，工会的工作中，一个比较重要的方面就是要动员工人参加红军；在抗日战争时期，工会应该纠正工人中行会主义的倾向，要顾及工人长远的利益，以及国家和民族的利益，所以即使对于民族资本家的企业，工会也不能提出过高的要求，如果工人提出来了，工会反倒需要向工人解释其不合理性；而如果出现了劳资冲突，那么工会应该尽可能的采取与雇主协商的方式，避免罢工、怠工等方式。

而在国营企业中，工会的工作还有着自身的特点和要求。在写于1935年11月27日的《在苏维埃政权下工会的作用与任务》一文中，他指出："工会在国有企业中有完全不同的任务，工会除保护工人经济利益之外，还应为巩固与发展苏维埃企业而斗争。工会应参加与协助国有工厂的管理，应教育工人用新的态度来对待新的劳动，应为提高国有企业的生产而斗争……因此工会要号召工人为国有企业增加生产，增加工作速度，改善工作技术，节省工厂的材料。所以，工会在国有企业中保护工人利益，应采用与在非国有企业中不同的策略。就是工会应该与工厂负责人经常用协商的办法来满足工人的要求，及解决工资、工时与各种待遇问题。"从这里可以看出，企业工会工作与地方工会或产业工会就具有了一些不同的特点，企业工会更要注重的是如何在企业的发展和员工生活的改善之间建立起一种协调。

3. 工会与行政的关系

这个方面是我们的研究最为关心的问题。我们主要落在企业层面来看刘少奇是如何看待这个问题的。

对于国营工厂内部工会与行政的关系，刘少奇早在《论国家工厂的管理》[①]中就进行了阐述。他针对当时有些厂长宣布说"工会要我怎样办我就怎样办"的情况，指出这是不可能管理好工厂的，而必须把工厂中的完全的个人负责制建立起来。也就是说，要确立起工厂行政在企业生产经营方面的权威地位："厂长对于全厂的生产与行政，负有绝对的责任，因此他有权力来决定和支配全厂的一切问题。在不违反劳动法的范围内，关于工资、工作时间、生产数量以及调动、处分和开除工人职员等，厂长是有完全的权力决定与执行的。"当然，厂长需要事先与党的支部书记和工会的主任就这些问题进行商量，以尽可能取得他们的同意和配合，但如果他们不同意，厂长仍然有最后决定执行的权力，并同时提到上级机关来讨论。简言之，工厂行政要负责确立在生产经营方面的完备的工厂规则、劳动纪律，还要精密地科学地来制订生产计划、核算成本、进行专业分工。

那么工厂中的工会又该如何参与到企业生产经营中来呢？在他看来，工会要帮助提高工人的劳动生产热忱，通过组织生产竞赛、组织生产突击队、发明新的技术等方式来动员群众，以协助工厂的管理与组织的改善；另外工会也要吸引工人参加生产计划的讨论和制订，参加经济的核算；此外工会还应在群众中提高自觉的劳动纪律，拥护厂规的执行，教育工人为自己、为工农民众的工厂而努力工作；但工会自身的性质决定了它还同时要改善工人的生活，解决工人一切不安的

[①] 该文写于1934年3月。

问题，如此才能发动工人的劳动热忱。从这里看，工会其实发挥着一个重要的衔接行政与工人的中介作用。刘少奇曾经用一种比较朴素的说法来形象描述了行政与工会的区别，他曾说，要实行"工厂经营的企业化"和"工厂管理的民主化"，一个是"发财观点或利润观点"，另一个则是"群众观点"[①]。

对于私营企业，刘少奇曾在《关于工会工作问题的报告》中做了详细阐述[②]。对于这个问题，首先要正确认识当时的劳资关系状况。当时的情况是，对于私人资本家的工厂，国家是不能接收过来的，因为当时连接收的官僚资本工厂还没办好。其实也曾经有过接收私人资本的事例，比如在太行山和五台山，还有在土地革命时期，但结果是工人接收后办合作社，大体上办不好。所以，私营企业在一定时期是必然存在的，关键是如何去处理好内部的劳资关系。他指出，首先不能提出过高的要求，比如工资提得过高，这样就容易把资本家搞垮，从而工人也就失业了，结果反倒害了工人。所以，在私营企业中，只顾工人利益，使生产不能继续和发展，是对工人根本不利的。而应该让资本家的生产能提高，这样工人的生活才能适当的提高。而且在提出这一点时，刘少奇甚至还指出，如果某些地方或私营工厂中，工人工资太高的话，那反倒应该降低点，使资本家能够维持赚些钱，使工厂可以发展。这也是与毛泽东当时提出的劳资两利政策相符的。

当然，这并不意味着工会在工厂的经营管理中就没有什么作用。首先从工厂行政方（或资方）来看，工厂应该设立工厂管理委员会，这样可以让大家一块讨论制订生产计划，并且应该经过职工代表会议讨论通过。因为既不问工人和工会，又不问上级，只是独断横行，那

---

① 1944年5月20日，刘少奇在陕甘宁边区工厂职工代表会议上的讲话（中华全国总工会政策研究室，1986a：102）。
② 这是刘少奇于1949年5月5日在华北职工代表会议开幕式上的致辞。

么工厂一定做不好。"今后要既问工人又和工会商量，大家帮助，都有责任。莫非谁还故意捣蛋不成？你如不问，我生气了；你若问了，我反而不生气了……解决问题没有人不行，因此我们规定，今后厂长、经理订计划，必须和工会和工人商量；但工会和工人也必须照顾到厂长、经理的困难。这就是大家负责的态度。"所以，"我们的工会要使厂长感觉到有这个工会就好办事情"。如果出现工厂与工会关系搞不好，那虽然一般说行政方面要负主要责任，但工会也应负次要责任。另外，从工会方来看，"工会和工人对发展生产要负责，要采取负责的态度，站在负责的地位。有些工会同志觉得发展生产不是我们的事，或只是帮助一下，这是不对的。对私人的工厂以为发展生产只是资本家的事情，而不是工人和工会的事，这样的态度也是不对的。所以不论公营或私营工厂的工会同志，都须注意，使生产发展，因为只有生产发展了，工人的生活才能提高和改善，不然生活是不能提高和改善的。工会要保护工人利益，但生产不发展生活是不能改善的，利益也无法保证。这是个整个社会的问题"。

4. 新中国成立初期的争论

在由邓子恢引发的有关工会问题的大争论中，刘少奇实际上也是参与者，而且一开始也是站在邓子恢一方的，只是在表述上有些不同而已。

1951年2月3日，刘少奇的《在全总扩大的常委会上的讲话》中提到了邓子恢的报告，指出了党、政、工、团在具体立场上的确是有些不同。首先他认为工厂的生产、计划、管理等问题，厂长有最后决定权（也仅就这些问题而言），因为厂长代表国家对工厂里的生产负全责，工会不能在这些方面干涉厂长。而对于工会内部的问题，工会则有决定权，并有权向厂长提出建议、要求，甚至抗议，但答应与否，厂长有决定权。这里需要明确工会的立场问题，工会是工人群众性的组织，是工人的代表。如果"工人群众批评你们是行政的工会，是资本家的尾巴，这是致命的"。而通常批评大体可分两种，一种是说你们不解决问题，听行政的话，不听群众的话；另外一种是经济主义，片面的福利观点，不搞生产。工会要将工人的意见、要求、情绪向上面反映。工人提出来各种需要中，能够解决的问题，就应解决。要求合理但不能马上解决的，就需要向工人解释说明。要求不合理也不能办的，也要向工人解释。但是不管是否合理，都应反映上去，让上面知道工人的要求。对于工会、党及行政的分工，他还特意指出，"应该是厂长讲的，工会不要讲。资本家要讲的话，工会也不要讲。如行政要开除工人，应该由行政讲，工会不能讲。讲了工人就骂你、恨你。支部也不能讲，共产党是工人阶级政党，是代表工人阶级利益的，讲了工人就要骂共产党。"厂长的话如工人不赞成，工会还要代表工人讲话，讲的时候要考虑讲什么，怎样讲，如何能说服他。

另外，刘少奇在读了邓子恢和高岗两人的文章之后，曾经写过一个读书笔记，即《国营工厂内部的矛盾和工会工作的基本任务》，不过这个笔记因为当时时局的突然变化，他没有拿出来（夏明，2004；胡其柱，2004）。在笔记中，他强调了在国营工厂管理机关与工人群众之间存在公私矛盾。不过这种矛盾与资本家工厂中的阶级对抗完全不同，它是一种在根本上非敌对的、可以和解也应该调和的矛盾，应该用同志的、和解的、团结的办法来处理这种矛盾和关系。那么，国营工厂中的工会就应该代表工人群众去和工厂管理机关协议并调处各种有关双方的问题，以至签订集体合同及其他协定等。

不过，笔记中最重要的一点就是他强调了一个区分，即工人阶级先锋队——共产党与工人群众在对工会的看法上是存在差别的。他指出，我们通常所说的"工会是党与工人群众之间联系的桥梁，是工人群众的共产主义的学校，是人民政权的主要的社会支柱之一"等等，这些是先锋队的出发点，是先锋队对于工会的要求和所要实现的目的。但是"工会不是工人先锋队的组织，它必须使自己成为先进的、普通的以至落后的工人都能加入的组织，然后工会才能具有自己应有的群众性，并具有上述各种重要的政治作用。没有群众参加的工会，或群众对工会表示冷淡，没有热情和积极性，那也就要失去工会应有的基本的作用"。他还进一步说，普通的工人加入工会，其目的和出发点"既不是要来建立共产党与工人群众之间的桥梁，也不是来参加共产主义的学校和建立人民政权的社会支柱，他们通常的出发点和目的很简单，就是要使工会成为保护他们日常切身利益的组织。他们是为了保护自己的利益和一般劳动者的利益而团结起来、组织起来的。如果工会不能实现他们这个目的，如果工会脱离了保护工人利益这个基本任务，那末，他们就会脱离工会，甚至还会另找办法来保护他们的利益，工会就会脱离工人群众"。所以，工会工作务必最周密地关心工人群众一切经济的、政治的和文化的福利，即使是最微小的事情。唯有如此，才能把最广大的工人团结在工会之内和自己的周围，这时，工会才算成了共产党与工人群众之间联系的桥梁，才能吸引广大的工人群众来热情地参加国家政权的与经济的建设，使工会成为人民政权的主要的社会支柱之一，并能够用共产主义的原则和精神，利用工人中一切实际斗争的经验，去教育工人群众，使工会成为共产主义的学校。那么在具体的工作上，就必须从普通工人的要求出发，力求实现他们一切合理的能够实现的要求，经常保护工人们正当的不容侵犯的各方面利益，当然不能将就落后工人的不正当的有损于工人阶级整个利益与长远利益的要求，而要不断地说服工人，教育工人，然后逐步地提高工人们的觉悟。因此，工会的职能就是维护和教育。

不过，后来因为李立三等人遭受到严厉的批判，刘少奇的这些想法也就没有再公开阐述过。此后，他对工会工作的"观点"基本上就是和主流的观点保持一致了。

三 赖若愚论工会工作[①]

在全总第一次党组扩大会议上，李立三等人被批判为狭隘的经济主义、工团主义之后，从1952年起，党开始对全总进行了重组，通过各种方式来重新确定其对工会的绝对领导，其中的一个主要变化就是李立三被赖若愚取代（Harper，1969）。1952年赖若愚被任命为全总秘书长，在1953年召开的中国工会第七次全国代表大会上，被任命为全总主席。赖若愚上任之初，作为李立三的代替者，自然是坚持当时党有关工会的各种要求和界定，即恪守党对工会的绝对领导地位。他在上任之初，就强调了工会"只能在党的领导下进行工作。工会对党绝不能进行什么斗争。不管在群众中、还是在工会会议上对党表示不满，都是完全不允许的。工会必须接受党的领导，这一点是天经地义的。如果不这样，就叫做工联主义"[②]。他在一次全国工资工作会议上说，"在工资问题上，行政、工会、党委方面可能出现意见上的分歧，但是如果遇到意见不一致，绝不能说是工会与党的意见不一致，说党不对。因为工会必须在党的领导下进行工作，如果忘记了这一点是绝对错误的。如果遇到意见不一致，作为党员有责任、也有权利在党内提出自己的意见，如果你的意见被党接受了，就把它作为党委的决定来执行；如果你的意见没有被党所接受，党委决定怎

[①] 本部分所引用的文章和报告，全都出自《李立三赖若愚论工会》（中国工运学院，1987）。
[②] 1953年1月，赖若愚在工会基层工作会议上做的《怎样推广和贯彻五三工厂的经验》报告（中国工运学院，1987：180）。

做，工会就应该怎么做"①。

不过，后来赖若愚在工会工作中遇到了诸多问题，使得他开始对工会与党的关系以及工会与行政的关系进行了深入思考。在这个过程中，他开始对工会工作的内容、方法有了自己的深刻理解，并且开始寻求工会在党的领导下的一定程度的独立自主的工作方式，并寻求工会与行政之间的正确的相互关系。但是这种探索，后来很快就被当时"大跃进"期间的"左"倾势力所批判，甚至在赖若愚去世不久，还把以他为首的当时的一些工会领导人批判为犯了"严重的右倾机会主义和宗派主义的错误"，属于"反党反人民反社会主义"性质，而赖若愚强调工会在党的领导下应保持在组织上的独立性、独立地开展活动等主张定罪为"从根本上否定党的领导"（倪志福，1997a：256-257）。尽管赖若愚被戴上如此多的"帽子"，但他对工人问题和工会工作的理解是值得重新认识和总结的。这里我们也仍然是讨论他怎么理解企业中的工会工作问题。

1. 企业中工会的职能和任务

工会的性质和职能，从理论上来说，是工人阶级的群众组织，应该代表和维护工人阶级的合法权益。但是，工会在不同历史时期、不同社会经济条件下，具体的做法和途径是不一样的，而且就工会系统内部来说，不同层级的工会也是有着不同的具体目标和工作方式的，因为它们面临的问题是不一样的。比如，产业工会面对雇主联合会时所需要考虑的问题，与企业工会面对企业雇主时所需要考虑的问题，二者就存在差异。相对于前者，后者在基本利益上更具有一致性和共

---

① 1953年12月13日，《关于工资工作的几个问题》，在全国工资工作会议上的发言（中国工运学院，1987：213）。

生性，相互的关系也更具有偏向协调和整合的一面。我们可以期望，产业工会通过自身力量的壮大而能与雇主联合会的力量形成一种平衡或制衡，从而能够通过集体谈判、集体合同等方式，确立起雇员与雇主之间的基本均势，维护雇员的合法权益；而在企业中，企业工会则是在前者奠定的均势基础之上，更应该着手动员工人积极促进企业的发展，企业的发展才是工人利益能够增加的前提。

所以，对于企业中工会的中心任务，赖若愚从其上任之初，便明确指出，"国营企业工会工作的中心任务是生产，私营企业工会工作的中心任务也是生产"[1]。然后在生产发展的基础上，工会才能积极寻求工人工资、生活福利等方面的改善。这种以企业的生产发展为中心任务的观点是他一直坚持的观点[2]。在1957年9月5日，他在全总党组第二次扩大会议上所做的报告《关于当前工会工作的若干问题》中对工会工作进行了一个总结，即"工会组织必须切实贯彻以生产为中心，生产、生活、教育三位一体的工作方针，在强调一个方面的时候，必须防止发生另外一方面的偏向"。这种"三位一体"观点基本上成为工会工作的一个基本的定论，直到后来工会提出了"四项职能"。当然，他也比较强调要反对两种倾向，一种是反对对工人生活能够改善而不采取积极办法解决的官僚主义倾向，一种是反对脱离生产、片面地改善工人生活的经济主义倾向[3]。

那么工会的具体工作就得围绕这项中心任务展开，比如动员群众找窍门、挖潜力的合理化建议运动，帮助和促进企业行政在一定时期

---

[1] 1952年9月，《在全国私营企业工会工作会议上的总结报告》（中国工运学院，1987：168）。

[2] 1957年9月3日，赖若愚在《在全国工会积极分子代表会议上的总结》中指出，"工会进行任何工作，都必须看看是否对生产有利"。

[3] 1953年5月20日，《关于劳动保护工作的报告》，赖若愚在纺织工业部召开的劳动保护工作座谈会上的报告。

内制订出先进的生产计划，也能够促使职工群众顺利完成或超额完成生产计划；推动劳动竞赛，这被认为是当时工会工作的中心问题，通过劳动竞赛，把工会的工作和厂矿整个工作的正常秩序建立起来。实际上，赖若愚主持工会工作时期，正是经济秩序逐步恢复和建立的时期，工会的工作也正处于由不正规转向正规、由政治改革运动转向生产的过渡阶段[①]；还有像对工人特别是新工人的政治教育、巩固劳动纪律、加强技术教育、加强劳动保护等[②]。

2. 企业中工会与党的关系

我们在前面已经指出，赖若愚对企业中工会与党的关系的看法，存在一个转变，也正是这个转变让他戴上了"从根本上否定党的领导"的"帽子"。其实这个转变也是逐步过渡的，而且也是他面对当时的工人问题和企业管理中出现的矛盾所逐步阐发的。

在1954年12月18日的《工人日报》上，赖若愚发表了一篇题为《如何对待群众?》的文章，指出，"如何对待群众?这是工会工作中的一个根本问题"，因为工会是党与群众之间的桥梁纽带。但是他开始指出，工会有它自己的组织作用，这种组织作用是党所不能代替的，而又恰恰是党所需要的。而当前工会工作的问题之一，就在于主观上注意了党的政策、主张，而忽视了群众的意志、情况和觉悟程度。即不是根据群众的意志、情况和觉悟程度来教育说服群众，而是强迫群众接受党的政策、主张，强迫的结果必然不是使群众向党靠拢，而是使党脱离群众，工会不仅没发挥纽带的作用，反倒成了障碍。这里，他提出了工会工作必须用说服、教育、帮助、诱导的方法来对待群众。

[①] 1953年11月10日，赖若愚在中华全国总工会第七届执行委员会主席团第五次会议上的报告《把劳动竞赛向前推进一步》。

[②] 赖若愚发表在1953年第9期《中国工运》上的《目前工会工作中的若干问题》。

1955年9月，赖若愚根据党中央的指示主持起草的一篇名为《加强党对工会工作的领导》的社论①，指出党必须运用工会组织来巩固劳动纪律。而巩固劳动纪律，靠"惩办主义"的方式是不行的，必须是建立在群众自觉的基础上，巩固劳动纪律的根本方法必须是说服教育。而在党对工会的领导问题上，他认为，应该是通过工会组织中的党组织和党员去实现的，而不是直接进行指令式的领导，因为工会活动完全是群众性的，它有自身的独立性②。而且党对工会的领导，应当着重在思想政治方面，而不是在具体的工作活动上，工会应积极开展自己的独立活动③。在1957年2月的全国工会群众生产工作会议上，赖若愚做了《工会的作用和民主管理问题》的报告，其中特意指出，从1953年以来强调了工会必须在党委的领导下进行工作，但是却忽略了另一点，就是工会有它自己的独立性，有它自己的独立活动。

后来，赖若愚根据整风运动中工会干部和职工群众提出的批评和意见，于1957年11月26日写了《关于工会的作用与地位》一文，其中明确指出，工会和党是有区别的，党只包括工人阶级的先进部分，是工人阶级的领导力量，但是它并不是工人阶级的"本队"，而工会是工人阶级的群众组织，几乎包括了工人阶级的全体成员，也可以说它是工人阶级的"本队"。这个提法也就和刘少奇如出一辙了。所以从这个角度来说，工会也就必须关注普通工人的日常的生活利益。而正如他所批评的，自从1953年以后，工会只管生产不管生活，这也是工会脱离群众的原因之一。这是因为在反经济主义之后，都怕戴经济

---

① 发表在1955年9月10日的《人民日报》上，发表的同时，中央曾发出通知指出，这篇社论是经过中央讨论通过的，中央认为，目前加强党对工会工作的领导，是十分需要的。
② 1957年4月12日，赖若愚在西安向陕西省工会干部所做的报告《关于工会工作问题》中也专门说到这个关于党和工会的关系问题，而且突出强调了工会应具有一定的独立性。
③ 1956年9月23日，他在中共第八次全国代表大会上的发言，题为《进一步发挥工会组织在社会主义建设中的作用》。

主义的"帽子",而不敢提这方面的问题了。但是,从他的这些主张来看,他很容易就被扣上"脱离党的领导的工团主义"和狭隘的"经济主义"的"帽子"了。

3. 企业中工会与行政的关系

曾有研究者对比了李立三和赖若愚的工会思想,认为李立三对工会与行政的关系的论述更为细致,而赖若愚则更细致论述了工会与党的关系(王尔玺,1994)。确实,相对于李立三来说,赖若愚对工会与党的关系的论述稍微多一些,而且也稍微"大胆"了一些,但是赖若愚对工会与行政的关系的论述也是非常丰富的,而且与李立三的分析有一些区别。

赖若愚曾经对国营企业中的党、政、工、团的职能和各自的立场有一个非常简要的总结,他认为,"在国营企业中,党、政、工、团的立场只有一个,办的是一件事情——搞好生产,办好福利。这两件事是没有矛盾的,是一件事情的两个方面。因此,搞好生产不单是行政的事,工会要搞生产,青年团也要搞生产;党、政、工、团统统是为了搞好生产。不过行政和工会是从两方面来进行这一共同工作的:行政一般是从上而下进行工作,工会一般地是从下而上进行工作。工会的作用就是联系群众,组织和动员群众搞好生产,完成和超额完成国家的生产任务。当然,工会必须关心群众的生活福利,但举办福利事业不只是工会的事,行政也不能把这件事放在行政工作之外。厂长必须把工人的福利问题列到他的计划里面去。所以,关心工人的生活福利,这并不是工会的特点。工会的特点是联系群众"[①]。因此,在赖

[①] 1953 年 1 月,赖若愚在工会基层工作会议上的总结报告《怎样推广和贯彻五三工厂的经验》(中国工运学院,1987:176–177)。

若愚看来，不能简单地将促进企业发展和提高工人福利分别对应为企业行政与工会之间的职能分工，而是它们共同的任务，双方都要承担这两种职能，而且这两种职能本身就是相互促进的。只不过，行政与工会在分担这两种职能时，工作的重点不同，具体的工作方法也不同。

在生产经营上，赖若愚强调，这不只是一个行政工作，同时也是一个群众运动，因而也是工会的任务，但是在工作方法上工会是与行政有差别的。行政是自上而下来搞好生产，如制订生产、财务计划、技术措施、组织措施，并加以贯彻；而工会是做群众工作，发动群众想办法，运用群众的智慧和力量来解决生产中的问题，实现行政的措施，在操作上工会必须是说服、教育、民主的方法，必须多让群众自己讨论，组织群众办自己的事[①]。比如，企业管理工作，主要是行政方面的责任，但是工会也有责任去吸引群众参加企业管理，组织群众监督，动员群众来协助行政改善企业管理；对于生产工作，从行政方面来说，它要制订计划、采取措施、组织劳动、进行指挥，工会则应动员群众，开展社会主义竞赛和先进生产者运动，组织合理化建议等，依靠群众来解决生产中的很多问题；在职工生活问题上，行政也负有很大的责任，但是工会要在群众中具体组织这些事情；教育工作也是这样，工会担负重要责任，但是行政也并不是没有责任[②]。

他还举过一些具体例子来进行说明，比如劳动竞赛[③]，其一般程序是：①在厂、车间、小组各个层级上讨论计划，基层订立合同，车

[①] 1957年9月3日，《在全国工会积极分子代表会议上的总结》（中国工运学院，1987：467）。

[②] 参见《关于工会的作用与地位》。

[③] 1953年12月31日，赖若愚在第二次全国工会基层工作会议上的总结报告《加强工会建设，深入劳动竞赛》（中国工运学院，1987：218-219）。

间和小组制定保证条件；②推广先进经验，提出合理化建议，开生产会议，解决生产中的关键问题；③总结、评比、奖励。在操作上，他认为，在动员群众、教育群众、组织合理化建议等方面主要应由工会负责，但是在组织技术措施、合理化建议的审查和处理等工作主要应由行政负责。另外，还比如在有关工会组织的群众监督与企业行政管理之间的关系上，他认为，企业在生产行政上需要实行"一长制"，"建立足以统一千万人意志和行动的严格的企业管理制度是大工业生产所必需的，但是，这种管理制度必须建立在广大群众参加生产管理的基础上，必须是同自下而上的群众监督相结合的"[①]。工会通过组织群众进行监督，就可以依靠群众把各方面的问题随时反映上来，帮助行政及时了解情况和解决问题。具体形式上，采取比如群众生产会议、职工代表会议、职工大会等，随时向行政提出意见[②]。

在1957年5月7日，赖若愚在《工会怎样对待人民内部矛盾？——答〈工人日报〉记者问》中，对当时工会工作的形式进行了总结。他提出，工会当前应该要很好解决的两大问题即是工会和行政的关系以及工会和党的关系。并且他还说，在工会和行政的关系上，过去强调了一致的一面，看不到差别的一面，而在工会和党的关系上，过去解决了工会必须接受党的领导的问题，但是没有充分注意作为一个群众组织，工会在党的政策思想领导下还必须开展它自己的独立活动，只有这样才能显示自己的作用[③]。这也基本上是他自己数年来思考工会工作的一个总结。

[①] 1955年9月10日，《加强党对工会工作的领导》（中国工运学院，1987：328）。
[②] 1955年8月10日，《在中华全国总工会第七届执行委员会第三次会议上的总结报告》。
[③] 1957年5月，赖若愚在全国总工会直属机关党员干部大会上的整风动员报告《整顿工会的领导作风，密切与群众的联系，充分发挥工会在解决人民内部矛盾中的调节作用》里又重新强调了这两个问题。

四 小结

通过对早期三位工运领袖有关企业工会工作的观点进行梳理，我们基本上可以对企业工会的任务和职能、企业工会与企业行政及党的关系、企业工会具体的工作方法等有了一个相对全面的了解，我们在本节中将对这些问题进行一个综合。另外，由于他们的工会思想也反映了当时中国共产党在企业经营与管理上所积累的经验，而且这些经验对于后来的中国企业发展有着重要影响，所以在本节中，我们就顺着他们的观点对相关的问题进行一个拓展性的总结，尤其是有关党在企业经营管理上历来就强调的工厂经营的企业化原则和工程管理的民主化原则。

1. 企业工会的职责和特点

首先是在企业工会的职责和任务上，三位工运领袖都强调了企业工会要以企业的生产和发展作为中心，对员工进行动员和教育，在此基础上去维护和改善员工的利益，即以生产为中心的生产、生活和教育三位一体的工作方针。而且，这种方针不仅适用于国营企业，对于私营企业也同样如此。这也就表明，企业工会是与产业工会具有很大的区别。对于这个区分，曾经在1950年2月6日的《人民日报》上有篇题为《学会管理企业》的社论，社论指出，一方面在全国范围内应该建立全国统一的产业工会，这样可以协同经济管理机关来制定各方面的统一制度，特别是对职工的统一的工资待遇等制度，并且指导各级工会组织加强对生产工作的注意。另一方面，对于每个工厂企业中的工会组织来说，它们应当配合行政机构，逐渐改革各种旧制度，首先是帮助行政实现管理民主化，提高工人的劳动热情，组织生产竞赛与合理化建议等来提高生产；同时要特别关怀工人的需要，一方面督促行政领导机关实行一切必要而可能的措施，另一方面根据团结互助的原则，举办各种福利事业，以减轻工人的生活困难（中华全国总工会政策研究室，1986a：164）。

也即说，产业工会是作为一个独立的工人组织来与其对应的组织（比如雇主联合会）进行对等的集体谈判和协商，而企业工会一开始就是在企业组织之下，作为企业中的一个部分来与企业主（或者作为其代理人的行政）相互作用，这就决定了企业工会与自己的对手有着更多的共同利益，就好像同在一条船上一样，企业垮了，员工也要遭殃。而这种关系在产业工会那里却相对较弱，而且产业工会的作用是要在企业之外凝聚工人的力量来形成与企业一方平衡的力量以维护工人的利益。所以，相对来说，产业工会更多的是从工人的利益维护角度出发，而企业工会则更多的是从工人与企业的共同利益出发来维护工人的利益。当时提出的公私兼顾、劳资两利的政策，也正是对企业工会提出的要求。

2. 企业工会与行政的区别与联系

在企业工会与行政的关系上，他们都强调了其区别。这种区别，一方面是在职能的侧重点上，企业行政更多的是以经济核算制为基本原则，来对企业的整个生产经营进行负责，从效率（效益）的角度来确定企业的生产计划、财务计划、专业分工、技术和组织措施、工厂规则和劳动纪律、人力资源配置等。在这些事务上，用李立三的话来说，只要谁能提高生产和减低成本，谁就是好厂长；而企业工会的职能侧重点在于动员和激励工人去配合企业的生产经营任务或者说是努力完全企业行政所确立的整个生产经营安排，同时也要维护工人的合法权益，提高和改善工人的劳动条件和日常生活福利，这本身也是对员工的一种激励。所以，工会的工作可能显得不像行政那样系统有序，而似乎显得很是庞杂、有些散乱，诸如动员与组织群众积极生产、组织合理化建议和技术创新活动、规范工人行为和保障劳动纪律、组织工人参与管理规则的制定或通过、在增加生产的基础上改善工人生活条件、组织工人互助、组织工人学习技术和文化、加强劳动保护等。这些看似非常琐碎的和庞杂的职能，却是维系组织内部社会整合的重要途径，这些我们在后面专门讨论企业工会的职能时会深入分析。

　　行政与企业的区分还表现在二者的工作方法上。前面我们实际上已经看出了二者在这方面的区别，可以用赖若愚的说法来做一个简单总结，即企业行政是自上而下的安排和设计，工会是自下而上的动员和组织。一个是强调统一指挥、令行禁止、实行完全的厂长负责制，一个是强调多渠道参与和讨论、注重工人的社会行为和社会心理状况（不仅是针对工人个体，也针对工人群体），而且非常强调工人的民主意识，在这方面就像李立三强调工会内部民主化所说的那样，工会干部必须选举、工会的问题必须经大家讨论、工会的事情必须大家来办，这样才能真正让工人对企业事务具有热情，各种规章制度也才能获得群众的认可，从而对企业组织产生认同、归属和承诺，这也是企业的生产经营能获得群众满意和进而获得合法性的前提。所以，员工的积极参与具有重要的意义，就像刘少奇所说的，跟员工商量了，让他们参与了，那么即使没有最终决定权，他们也会容易接受企业行政的决定，也容易理解和照顾行政的困难，否则，员工始终会觉得不满意，甚至会以对立态度来面对行政的计划和决定。

　　同时他们也都强调了企业工会与行政之间的相互配合和相互促进。因为首先一点，前面所强调的二者的区分，只是指它们各自的侧重点和工作方法的不同，而不是指企业的生产经营与企业的管理的分离，行政和工会都是要参与到这二者中去的。而且它们彼此之间是需要相互帮助和配合的，在这方面，李立三的说法比较明确，工会需要帮助行政去动员和组织工人积极参与生产，促进企业发展，而行政也要帮助工会确立其在工人当中的威信，从而使其能顺利开展活动，这本身也是使得行政在需要时，能够让工会作为自己的依靠和群众基础。如果从具体的企业事务的参与来说，行政也需要关心工人的生活和福利，这也是人事行政部门的重要职责，而工会也应该动员工人参与企业的生产计划和民主管理，这样工人能更认同企业。

3. 工厂经营的企业化与工厂管理的民主化

前面对于企业工会与行政的各自特点及其联系的讨论，已经关联到了企业中的一个重要问题，即企业的经营与管理的区别和联系。前面已经强调了，这两组关系之间并不存在一种完全对应关系，因为企业工会和行政都应该参与到企业的经营与管理中来。不过，行政和工会各自的工作侧重点和工作方法的不同却在很大程度上对应着经营与管理的区分。其实这种区分在中国共产党早期的企业管理经验中就已经得到简明精确的总结，即工厂经营的企业化与工厂管理的民主化。

1948年8月召开的第六次全国劳动大会对这种经验进行了一个比较简明的总结，并指出，改善经营和管理工作，要贯彻企业化原则和管理民主化。而所谓的企业化原则，就是要制定周密的生产计划，实行从原料生产到推销的全过程的经济核算制度，要以经营能力、劳动技术，及尽忠职责等用人标准，推行考工制度，保证合理的劳动力条件，要实行严格的个人责任制度、劳动纪律与赏罚制度；而管理民主化，就是要建立工厂或企业管理委员会，吸收工人代表参与讨论有关工厂或企业管理和生产中的各种问题，不过厂长具有最终决定权。此外，还应由各部门代表组成工厂代表会议，在工厂管理委员会领导下，传达和讨论工厂决定、生产计划与经验的总结，以便更多吸收群众的建议与批评①。

在1951年5月的《中共中央东北局关于党对国营企业领导的决议》（中华全国总工会政策研究室编，1986a：172-188）中，对企业经营和管理的基本方法进行了详细的说明，而且强调要坚持厂长负责制与管理民主化相结合、政治工作与经济工作相结合、在增加生产的基础上逐步改善工人生活、当前利益服从长远利益、局部利益服从整体利益的方针②。从1956年开始（除去"文革"的影响），这种经营与管理原则开始逐步采取党委领导下的厂长负责制和党委领导下的职工代表大会制，而民主集中制和群众路线也就一直被作为企业经营和管理的基本方针。当然，在具体实践中，也正因为这种对党委领导的强调，从而后来出现了党政不分、以党代政的结果③。虽然说，群众

---

① 《中国第六次全国劳动大会关于中国职工运动当前任务的决议》（中华全国总工会政策研究室，1986a：120-121）。

② 比如在企业经营的基本方法上，固定了要拟订生产计划，实行计划管理与经济核算制；清理企业的资产，确定固定资产与流动资金；反对浪费，进行节约运动；发动工人生产竞赛，提高劳动生产率。在此基础上，逐步进行定额；实行计划管理；建立生产责任制；加强技术管理，建立操作规程和检修保安制；推行先进生产方法，提高产品质量；降低成本，实行成本管理；实行独立会计制度，加强财务管理；依据"按劳取酬"的原则，实行八级工资制，并逐步推行计件工资制度与奖励制；等等。而且该《中共中央东北局关于党对国营企业领导的决议》还对党、政、工、团各自的性质和特点进行了简明的说明，即厂矿中的生产行政工作实行厂长负责制；党是独立政治组织，对厂矿中的思想领导负有完全责任，对行政生产工作负有保证和监督的责任；工会是厂矿中的群众组织，教育与组织广大职工群众，组织生产竞赛，改善职工的劳动生活条件，保护工人阶级日常利益；等等。

③ 有关生产行政上实行厂长负责制，强调生产行政内在的一致性和统一性的经营模式，最早的阐述形式就是"三人团"制度，这就是要突出厂长对于全厂的生产与行政负有绝对的责任，这样才能建立起真正的工厂制度，科学组织生产。刘少奇在《论国家工厂的管理》中就指出要实行"三人团"制度，确保行政的独立性和足够的权威，而（转下页注）

路线和群众动员被认为是非常重要的意识形态基础,但是,对于生产行政要保持一定的独立性的强调,同样曾得到过明确的重视。除了早期领导人强调过要实行厂长制以外,还有明确的决议强调了要正确理解企业中所谓的"工人当家做主"的口号。这种口号固然具有积极意义,但是不能将其提高为管理企业的方针,否则必然会发生工人与职员的对立,以及与行政对立的极端民主化的偏向。现代企业的生产,要求有厂长的集中领导,要求有严密的劳动纪律。当然也要倾听职工的意见,职工要服从领导,才能把生产搞好[①]。

简言之,在早期工运领袖的思想中以及在中国共产党对企业经营管理的经验中,企业工会扮演了一个与企业行政不同的角色,其工作重点和工作方法都是企业行政所无法代替的,而且又是企业所必需的。也就是说,企业工会与企业行政执行着企业正常发展所必需的两

(接上页注③)且他还说,工厂管理委员会应该是厂长之下的,是讨论和建议的机关。在1934年4月10日颁布的《苏维埃国有工厂管理条例》中,进一步明确了生产行政上厂长具有最后决定权。这也许是后来曾经推行的厂长负责制(或厂长制、一长制)的前身。不过因为各种原因,包括经济干部的缺乏、工厂本身内部民主改革未完成等,这种制度并没有真正实施。在新中国成立初期,曾经在一些有条件的地方,尤其是东北地区,曾经在生产行政工作上试行过厂长负责制,在1951年的《中共中央东北局关于党对国营企业领导的决议》中就在推广这种模式,但是,在同年的6月,华北地区召开了第一次城市工作会议,其中专门就党委制和一长制的选择问题进行了争论,最后在1951年6月19日的《中共中央华北局关于华北第一次城市工作会议向中央的报告》中,认为当前应该实行党委领导下厂长负责制(中华全国总工会政策研究室,1986a:194)。这种过渡的领导形式持续到1954年,中央开始推行厂长负责制。"实行厂长负责制,建立厂长、车间主任和工段长的三级一长负责制,建立生产指挥系统的单一领导关系;并相应地建立职能部门的专责制和生产工人的岗位专责制。实行这种制度之所以必要,是由于近代化工业的生产过程本身所决定的。由于现代工业的组织庞大、部门繁多,生产具有高度连续性和集中性,没有高度集中的领导是不行的。列宁说过:'任何大机器工业都必须有无条件的和最严格的统一意志,来指挥几百人、几千人以至几万人的共同工作。'"(1954年5月28日,《中共中央对华北局关于在国营厂矿企业中实行厂长负责制的决定的批语》,中华全国总工会政策研究室,1986a:199-200)在1955年10月24日《中共中央批转中央第三办公室关于厂矿领导问题座谈会的报告》中,特意强调了"党组织必须把建立一长制作为自己的一个基本的政治任务"(中华全国总工会政策研究室,1986a:202)。

[①] 1948年10月10日,《中共中央东北局关于接受敌伪和蒋占企业后的改造管理与工会工作方针的决议(草案)》(中华全国总工会政策研究室,1986a:126-136)。

种必备功能。企业行政侧重于以企业的生产经营为中心，其目标就是如何使整个企业组织集中在一个系统的、一体化的、高度集中的生产行政指挥之下，按照经济核算制原则，尽可能最大限度地实现企业的利润和再生产；而企业工会的目标就是通过动员和组织工人积极参与企业的发展，从而切实的维护和改善工人的日常利益。不过，在1951年以及1958年，随着李立三和赖若愚分别被批判为"工团主义"或"经济主义"，有关工会问题的早期争论最终以否定了工会在党监督下独立发展的可能性而告终，其结果就是使工会放弃其特有功能，向着行政傀儡的方向发展，从而降低了社会自身缓解压力的能力（胡其柱，2004）。

附录二
1978 年至今中国工会历史分期及重点问题

为了能够更好地理解中国工会的特性，我们需要对其发展历史进行简单的梳理，此处主要是对 1978 年以来中国工会工作情况进行简单的分期。由于工会的特殊性质，以及其与党、政府和企业行政之间的复杂关系，工会的运作往往需要有政策法规的支撑才有可能较好发挥自身的作用。而且事实上，近年来工会运作更多的是采取一种自上而下的形式来带动的，即由上一级工会或党政来推动和引导下级工会的职能发挥。所以，我们这里对工会的性质和职能历史变革的考察，一个非常重要的依据便是全国总工会及政府在不同时期针对不同的劳动关系问题所颁布的政策法规文件，虽然这些成文法规条例往往在现实中发生"变通"，但是，这毕竟为工会（尤其是基层工会）的运作提供了基本的制度和法律保障。

一　工会工作的恢复及四项职能的提出时期

这一时期是从 1978 年至 1992 年，其主要特点就是随着国家意识形态和政府工作重心的转移，工会工作开始逐步恢复，不过基本上主要是集中对工会职能的讨论，而且工会工作实际进展缓慢，出现了工会工作与群众相脱离的问题，并且群众也对工会工作产生不满。

从1978年10月开始到1983年10月期间，全国总工会的工作基本上集中于对"文化大革命"时期进行"拨乱反正"工作，甚至追溯到新中国成立初期的一些问题，比如对李立三、赖若愚等人的平反工作，当然这就涉及对工会理论、工会的性质和职能等问题的讨论。不过这个时期因为还有"左"的因素干扰，所以工会工作并没有太多的推进，更多的纠缠于在理论上确定工会功能。1978年10月召开的全总九大，强调的是在1948年哈尔滨第六次全国劳动大会会议上的精神，即工会要促进生产，确立了工会的一种保守性格（Morris，1985）。在实际工作中，工会通常还站在行政的立场上，从而出现了脱离群众的问题。特别是随着企业经营管理层逐渐获得较多自主权时，工会往往不能代表职工的利益，造成经营管理人员与职工之间的权力失衡（张暎硕，2004：109-115）。

对于这个问题，中央也表示出不满，在1983年3月14日的第四十七次会议上，讨论了全国总工会十大工作报告提纲，当时就对该提纲做出了批评，认为其"内容写的比较一般，没有把工会在社会主义现代化建设中的任务写清楚，没有充分体现当前工人阶级的合理的要求和愿望"，并要求其考虑重写。其实，这就表明了当时中央书记处对工会工作持有批评意见。在《中共中央书记处对工会工作的重要指示》中还进一步指出，"几年来，工青妇三个人民团体做了很多工作，成绩是主要的……但是，在工作方法和工作作风上是不是有平平稳稳、生气不够、冲动不够的缺点？局面是不是没有完全打开？工会的性质和任务应当是党的领导下、代表工人阶级利益、为工人阶级办事的群众性组织。建国以后，在'左'的思想指导下，工会工作受到了很大的干扰，长期强调党的领导（这是应当的），但忽视了工会是工人阶级的群众组织的特点，在一定程度上，工会变成了行政机关，脱离了工会群众。这种状况必须改变。今后工会工作一定要从自己是党领导下的群众组织这个特点出发，切切实实地为职工办事，办些具体的好事，把职工的积极性调动起来；一定要维护职工的根本利益，勇敢地扶持正气，压制邪气，在社会和国家生活中起积极作用；一定要面向工厂、面向工人，密切联系群众，反映职工的呼声和要求。真正成为'职工之家''工人之友'。"（中华全国总工会，1989：1448）

于是，在1983年10月的工会十大上，提出了新时期工会工作方针是"以四化建设为中心，为职工说话、办事，维护职工的合法权益"，虽然这里专门提出了"维护职工的合法权益"，但这并没有改变过去计划经济时期的以"生产为中心的生产、生活、教育三位一体"模式。不过，在工会十大之后，工会理论界开始了对工会组织功能问题进行长达数年的讨论，最后，在1988年7月召开的全国工会理论研讨会上，基本上确立了"两个维护"的双项职能论。后来，这些讨论集中反映在1988年10月全总十届执委六次会议通过的《工会改革的基本设想》中，并在1988年10月下旬召开的工会十一大将工会的职能确立为"维护、教育、建设、参与"四项，与过去相比，增加了"维护"和"参与"。而且在《工会改革的基本设想》中，提出了工会需要对自身与党、与政府、与群众关系进行改革，不过这些设想和改革因为1989年的事件而被中断（张暎硕，2004：122-126）。

对于这个时期工会实际工作脱离群众，或者引发群众对工会工作的不满，有一些相关数据可以帮助我们获取一个大致的印象。1986年，全国总工会组织了一次全国职工队伍状况调查，结果显示，很多职工不满意工会工作状况，认为还远不如20世纪50年代。调查结果还显示"不了解工会在干什么"的职工人数占到了调查总人数的23%，在对工会工作的评价的项目中，认为工会"除收会费和开展文体活动外，看不到工会的作用"，"很少倾听职工的意见和呼声"，"不像群众组织，像政府机关"的职工占调查总人数的41%（中华全国总工会，1987：152-155）。这种不满意在1992年的全总调查中，也照样存在，当时数据显示仍有46.7%的职工不满意或非常不满意工会的工作（转自刘元文，2005）。

二 推进工会组建工作和突出工会维护职能时期

这一时期是1992年至2004年，其主要特点便是工会工作已经开始不断明晰起来，尤其是工会已经逐步突出维护职工合法权益作为其基本职能。与此同时，则是针对市场经济下非公有制企业中工会组织组建工作进行了全面的推动。这一时期的工会工作大大促进了工会基层组织建设，为未来工会工作奠定了组织基础，同时工会工作也确立了自身的明确工作方针，即"组织起来，切实维权"。

这一时期工会工作得以推进和发展，一个重要的原因就是劳动关系紧张和冲突已经成为一个日益严重的社会问题，并且这种企业内部的紧张关系经常突破企业的界限，进入公共领域，引发了不少过激行为。在这种冲突中，往往是职工群众一方处于弱势地位，其合法权益被强行侵害，从当时的新闻媒体报道中，就可以看出其中的普遍性和严重性。我们也可以从一些相关的数据统计中看到这种劳动关系紧张的局面。从1996年到2004年，劳动争议案件的数量从4.8万件迅速增加到26万件，增加了4倍多，而其中集体争议案件数从3000多件增加到1.9万多件，增加了5倍多；劳动者当事人数从18.9万人增加到76.5万人，增加了3倍，集体劳动争议劳动者人数也从9.2万人增加到47.8万人，增加了4倍多①。这种劳动关系紧张局面，自然需要工会组织尽快实现自身的改革，以突出自身维护职工合法权益的职能。与此相应的是，1997年全国总工会进行的职工队伍状况调查显示，有50%职工对工会工作不满意或非常不满意，而认为本单位工会在维护职工具体利益方面作用好和较好的职工只占到34.6%（转自刘元文，2005）。

从1992年新《工会法》颁布实施起，工会工作开始了一个新的发展和推进时期。《工会法》第六条规定，"工会在维护全国人民总体利益的同时，维护职工的合法权益"。虽然强调的是"两个维护"，但已经将工会的维护职工合法权益职能以法律的形式进行了明确规定。不过，《劳动法》的出台让工会工作找到了另一个保障②，全国总工会在1994年12月召开的全总十二届二次执委会议，便提出了工会工作总体思路，"即以贯彻实施《劳动法》为契机和突破口，带动工会各项工作，推动自身改革和建设，努力把工会工作提高到一个新水平，在改革发展稳定中更好地发挥作用"，而其基本精神已经开始突出工会的维护职能。

与对工会维护职能的强调同时进行的，便是工会组织自身的建设工作，尤其是基层工会组建工作的推进。这主要是因为随着非公有制经济的发展，在非公有制企业中务工人员的快速增加，以及相伴随的劳资关系冲突的急剧增多，企业工会工作，尤其是非公有制企业工会组建问题，便成为当时工会工作的一个重点。在1998年10月召开的中国工会第十三次全国代表大会上，就提出了"哪里有职工，哪里就必须建立工会组织"，"最大限度地把职工组织到工会中来"的要求

---

① 国家统计局人口和就业统计司、劳动和社会保障部规划财务司编《中国劳动统计年鉴·2005》，中国统计出版社，2005，第523页。
② 《劳动法》第七条规定："劳动者有权依法参加和组织工会。工会代表和维护劳动者的合法权益，依法独立自主地开展活动。"

（中华全国总工会，2003）。从1999年开始，在非公有制企业里便推行了大规模的组建工会的运动。1999年底召开的全总十三届二次执委会议，根据新的形势和任务，进一步突出和履行工会的维护职能，另外，会议提出，把新建企业工会组建作为重中之重的任务来抓，切实加快新建企业工会组建的步伐。2000年6月，中华全国总工会十三届五次主席团（扩大）会议，专题研究和部署了新建企业工会组建工作，提出把新建企业工会组建工作作为重大紧迫的第一任务来抓；同年11月，中华全国总工会还召开了全国新建企业工会组建工作会议。

在前面工作的基础上，全总在2000年12月召开了十三届三次执委会议，全面分析了21世纪初，我国改革开放和现代化建设面临的新形势，强调要最大限度地把广大职工组织到工会中来，最大限度地维护广大职工的合法权益，最大限度地保护、调动和发挥广大职工的积极性、创造性。对于基层工会组建工作的推行力度，我们可以从几年中的统计数据看到这种进展。我们确实看到，1999年到2000年之间，全国基层工会组织的组建情况出现了一个急剧的提升，从50.9万个增加到85.9万个，企业基层工会组织从26.4万个增加到75.7万个。实际上，我们可以看到，对于公有制企业来说，企业工会组织数目变化基本不大，这与企业所有制性质是有关的。而变化最急剧的，是在非公有制企业当中。以私营企业为例，从1999年的1万多点，增加到2000年15.2万个[①]，这也体现出各地方政府在推动基层工会组织建设方面的工作力度。

而2001年对《工会法》进一步修改则为21世纪工会工作的拓展奠定了新的起点。由于在制定1992年《工会法》时，党的十四大还

[①] 根据《中国工会统计年鉴·2000》《中国工会统计年鉴·2001》《2004年中国工会维护职工合法权益蓝皮书》《2005年中国工会维护职工合法权益蓝皮书》的数据综合而来。

没召开，我国还没有明确提出建立和发展社会主义市场经济体制的目标，所以也就无法预计到后来整个社会经济形势的急剧变动，对后来出现的不同所有制企业工会组建问题、劳动关系市场化后带来的职工合法权益维护问题等都没有充分的规定，所以需要进行修改。对比1992年《工会法》的第二条和第六条，可以看出2001年的修订的《工会法》特意突出了工会的职能是维护职工的合法权益。像第二条在旧有基础上增加了"中华全国总工会及其各工会组织代表职工的利益，依法维护职工的合法权益"。第六条又规定"维护职工合法权益是工会的基本职责。工会在维护全国人民总体利益的同时，代表和维护职工的合法权益"。有研究者指出，修改后的《工会法》，打破了工会组织原来的四项职能平等并重的传统格局，重点突出了"维护"职能，体现了市场经济条件下工会工作的着力点，而且还确定了工会履行基本职责的两个手段，即"工会通过平等协商和集体合同制度，协调劳动关系，维护企业职工的劳动权益"（张吉会，2002；邹震，2001）。而且修订的《工会法》就工会组织建设以及形式多样化、工会干部的保护、对侵权行为的处罚、经费的收缴问题等，都给出了较明确的规定。在2003年9月26日，中国工会第十四次全国代表大会通过了《中国工会章程（修正案）》，明确指出中国工会的基本职责是维护职工合法权益。

在2004年12月召开的全总十四届二次执委会议上，全总提出了"组织起来、切实维权"工作方针，这对于以后的工会工作具有重要意义。其实这条工作方针早在2003年12月21日，王兆国（2003）就在全总十四届三次主席团（扩大）会议上的讲话中提出来了，他说"2004年工会工作的重点是：加强工会基层建设、发挥基层工会作用，关心职工生产生活、维护职工切身利益。概括地讲，就是组织起来、切实维权"。之所以强调这条工作方针具有非常重要的意义，因为一方面它是对前期工会工作探索过程中经验的总结，即强调要将工会组织建设推向最基层，真正实现"哪里有职工，哪里就必须建立工会组织"，以及"最大限度地把职工组织到工会中来"的要求，同时也是对工会基本职责的确认，即维护职工的合法权益；另一方面，它也预示着接下来中国工会的工作就是进一步去探索如何实现这一目标，这就涉及具体怎么落实的问题。

三　建设有中国特色的工会工作道路时期

这一时期是从2005年开始，工会工作开始走向自主自觉，从意识形态、法律规范、制度机制等各个层面系统地对自身工作进行分析和总结，进一步明确了工会的性质、职能和运作等各方面问题，开启了中国工会理论和实践的创新契机。

前面我们已经把问题进行了一个小结，从中我们已经看到，中国工会就像是走到了一个门槛上，正要跨过这个门槛，摸索自己的建设道路。也正是从这个时候起，全国总工会开始提出了应该要解决"建设什么样的工会、怎样建设工会"的重大问题。2005年7月4日中华全国总工会第十四届执行委员会主席团第六次全体会议通过了《关于坚持走中国特色社会主义工会发展道路的决议》，该"决议"提出了需要坚持走中国特色社会主义工会发展道路，以从根本上解决"建设什么样的工会、怎样建设工会"的重大问题，这就是要系统总结中国工会80年来的实践经验（特别是近十几年来的经验），以反映中国工会事业发展的内在规律（中华全国总工会，2005c）。

在这次会议上，全总主席王兆国（2005b）还对改革开放以来中国工会工作的理论问题进行了一个非常简单的概括，他指出："社会主义市场经济理论的提出，是在改革开放十几年实践探索基础上产生的，关于工会工作的理论，也经历了一个不断发展的过程，从维护、建设、参与、教育的四项职能，到全面履行各项社会职能、突出维护职能，这是工会理论和实践创新的重要成果。进入新世纪新阶段，我们进一步提出要把维护贯穿于推动改革、促进发展、积极参与、大力帮扶的全过程，明确了'组织起来、切实维权'的工作方针。"并且，他也提出了一些需要在实践中思考和探索的问题，比如如何处理党和工会之间关系，基层工会主席直选和工会干部职业化问题；如何处理好地方工会、产业工会、大企业集团工会的关系，包括如何加强区域性、行业性工会组织建设；特别是在维护职工合法权益方面，如何不断丰富和完善维权机制、手段和方式，等等。另外，他也总结了一些实践经验，比如一些地方在非公有制企业里通过工会引领职工以理性合法的方式表达利益诉求；在如何扩大工会组织覆盖面方面，各地探索形成的项目工会、楼宇工会、市场工会、社区工会，实行工会工作的网格化管理；在如何更好地表达和维护职工合法权益方面，一些地方建立了社会化维权、双向维权、城际工会维权联动机制，等等。

而于2005年9月中旬在浙江省义乌市召开的全国工会维权机制建设经验交流会议，也许正是作为探索中国特色社会主义工会道路的一个尝试。会议主要是总结交流义乌市及其他省市工会维权工作经验，探索维权机制建设涉及的理论和实践问题。这里，我们需要知道其中的一个背景，那就是在2004年11月，中共中央总书记胡锦涛曾对义乌市总工会维权工作做出过重要批示，可以说，中央的支持应该是中国工会工作能勇于创新，并能开创工会工作新局面的一个重要原因。而且就在2005年上半年，中央政治局常委会和中央书记处分别听取全总党组汇报，也做出了一些重要指示，强调指出，工会要不断扩大覆盖面，增强凝聚力，维护好职工群众的合法权益，维护好职工队伍和社会政治的稳定（王兆国，2005a）。

王兆国（2005a）的讲话其实从意识形态、法律规范和制度机制三个层面，对工会工作的性质、职能、运作等进行了概括。首先在意识形态层面，他强调了中国特色社会主义工会道路建设，需要坚持工人阶级的领导地位，这实际上是为中国工会这一工人利益代表组织获得了比较大的运作空间和相应的话语权提供了基本依据，是各级工会进行机制和制度创新时的最终话语基础。在这个基础上，中国工会必须促成"规范有序、公正合理、互利共赢、和谐稳定的社会主义新型劳动关系"。而且工会不仅仅要维护职工的经济利益，还要维护其民主政治权利、精神文化需求和社会权益。在法律规范层面，他强调了工会必须突出维护职能，要实现维护全国人民总体利益与维护职工群众具体利益的统一。而且在这个维护过程中，坚持依法维权，必须"规范有序、理性合法"，所以，工会的职能也就得到进一步的细致化，即"提供服务、反映诉求、规范行为"。而在制度机制层面，他总结了义乌市总工会的经验，那就是有效地整合工会内外资源，形成社会化维权格局，可以概括为"党委领导、政府重视、各方支持、工会运作、职工参与的工作格局"。也正是在这些不同层面因素的倡导、支持和推动之下，各级工会才能因地制宜，结合实际进行创新，我们将在后文中专门对各种创新制度和机制进行一个总结。

2005年12月13日，中华全国总工会第十四届执行委员会第三次全体会议通过了《中华全国总工会关于加强协调劳动关系、切实维护职工合法权益、推动构建社会主义和谐社会的决定》。这个"决定"被认为是改革开放以来工会组织关于维权工作的第一个比较系统规范的指导性文件。首先，"决定"明确提出了新形势下维护职工合法权益的重要意义、指导思想、主要原则、基本任务；然后将现有的各级工会维权经验进行了总结，归纳出工会维权时需要建立和完善的各种制度与机制。从最抽象的意识形态或理念层面，直到最具体的运作机制和方法，都呈现出有中国特色的工会道路。我们可以对该"决定"的内容进行一个简单概括，因为它给我们提供了一个让我们能更好地理解中国工会特性的清晰框架。

"决定"强调了要求工会把竭诚为职工群众服务作为一切工作的出发点和落脚点，并且将其提升到协调劳动关系和社会利益关系、推动构建社会主义和谐社会的必然途径的高度，"这就要求工会把维护职工合法权益放在更加突出的位置，通过参与协调劳动关系和社会利益关系，着力解决涉及职工群众切身利益的矛盾和问题，在协调的基础上促进劳动关系的和谐，防止激化矛盾，使劳动关系双方达成和谐的统一，使广大职工的利益得到更好实现和保障，推动形成全体人民各尽其能、各得其所而又和谐相处的社会"（中华全国总工会，2005b）。实际上，这也是为了能扩大党的群众基础和巩固党的执政地位。所以，这一点也就决定了维权虽然是工会第一位的职能，但是，其具体机制不是强调对立、对抗，而是强调协调、和谐，以便达到"规范有序、公正合理、互利共赢、和谐稳定的社会主义新型劳动关系"。这个基调也决定了工会工作的指导思想、主要原则和基本任务，并且也决定了工会工作的具体制度和机制只能是围绕这一新型劳动关系目标来展开。

所以，工会工作的指导思想和主要原则也就必然是在主流意识形态和指导理论下，来贯彻"组织起来、切实维权"的工作方针；并且在工作中，必须坚持党的领导，坚持围绕中心服务大局，即推动改革和促进发展，要坚持两个维护的统一，以及坚持依法维权，等等。不过，作为新型劳动关系建构的另一个环节，工会的基本任务除了维护职工的经济权益，还得尽量维护政治民主权利以及社会精神文化权利，唯有如此才能在劳动关系双方建立起稳定互利的关系。

那么在制度与机制上，同样必须符合党和国家的政治要求和意识形态要求，不过，正如前面已经指出的那样，在制度与机制上，更能体现出中国工会的独特性，"决定"提纲性地对丰富复杂且充满智慧的做法进行了概括[①]：比如工会的宏观参与机制，基层劳动关系协调机制，职工民主管理机制，工会劳动法律监督机制，工会劳动争议预警和处理机制，工会困难职工帮扶机制，等等。"决定"对工会干部队伍建设提出了明确要求，还指出需要建立工会履行维权职责的激励与约束体系，以及不断增强工会维权工作的物质基础。总的来说，就是要建立健全诉求表达机制，矛盾调处机制，劳动保障法律监督制度和机制，权益保障机制（王兆国，2006a）。

[①] 具体内容可以直接参阅《中华全国总工会关于加强协调劳动关系、切实维护职工合法权益、推动构建社会主义和谐社会的决定》（中华全国总工会，2005b）。

参考文献

Allen, Natalie J., & John P. Meyer, "The Measurement and Antecedents of Affective, Continuance and Normative Commitment to the Organization", *Journal of Occupational Psychology*, Vol. 63, 1990, pp. 1-18.

Ashforth, Blake E., and Fred Mael, "Social Identity Theory and the Organization", *The Academy of Management Review*, Vol. 14, No. 1. 1989, pp. 20-39.

Breiger, Ronald L., & John M. Roberts, Jr., "Solidarity and Social Networks", in Doreian, Patrick, & Thomas Fararo (eds.), *The Problem of Solidarity: Theories and Models*, Amsterdam: Gordon and Breach Publisher, 1998, pp. 239-262.

Brown, Michael, "Identification and Some Conditions of Organizational Involvement", *Administrative Science Quarterly*, Vol. 14, No. 3, 1969, pp. 346-355.

Clark, Peter B., and James Q. Wilson, "Incentive Systems: A Theory of Organizations", *Administrative Science Quarterly*, Vol. 6, No. 2, 1961, pp. 129-166.

Coase, R., "The Nature of the firm", in Williamson, O. E. & Sindey G. Winter (eds.), *The Nature of the Firm: Origins, Evolution, and*

Development, New York: Oxford University Press, 1993, pp. 18–33.

Collins, Randall, *Conflict Sociology*, New York: Academic Press, INC, 1975.

Collins, Randall, "On the Microfoundations of Macrosociology", *American Journal of Sociology*, Vol. 86, No. 5, 1981, pp. 984–1014.

Collins, Randall & Robert Hanneman, "Modeling the Interaction Ritual Theroy of Solidarity", in Doreian, Patrick, & Thomas Fararo (eds.), *The Problem of Solidarity: Theories and Models*, Amsterdam: Gordon and Breach Publisher, 1998, pp. 213–238.

Crow, G., *Social Solidarities: Theories, Identities and Social Change*, Buckingham: Open University Press, 2002.

Demsetz, Harold, "The Theory of the Firm Revisited", in Williamson, O. E. & Sindey G. Winter (eds.), *The Nature of the Firm: Origins, Evolution, and Development*, New York: Oxford University Press, 1993, pp. 159–178.

DiMaggio, Paul J., & Walter W. Powell, "The Iron Cage Revisited: Institutional Isomorphism and Collective Rationality", in Powell, Walter W., & Paul J. DiMaggio (eds), 1991, *The New Institutionalism in Organizational Analysis*, Chicago and London: The University of Chicago Press, 1991, pp. 63–82.

Donzelot, Jacques, "The Promotion of the Social", in Gane, M. and Terry Johnson (eds.), *Foucault's New Domains*, London: Routledge, 1993, pp. 106–138.

Fararo, Thomas, & Patrick Doreian, "The Theory of Solidarity: An Agenda of Problems", in Doreian, Patrick, & Thomas Fararo (eds.), *The Problem of Solidarity: Theories and Models*, Amsterdam: Gordon and Breach

Publisher, 1998, pp. 1–32.

Feldman, Ronald A., "Interrelationships among Three Bases of Group Integration", *Sociometry*, Vol. 31, No. 1, 1968, pp. 30–46.

Golden-Biddle, Karen, Hayagreeva Rao, "Breaches in the Boardroom: Organizational Identity and Conflicts of Commitment in a Nonprofit Organization", *Organization Science*, Vol. 8, No. 6, 1997, pp. 593–611.

Granovetter, Mark, "Economic Action and Social Structure: The Problem of Embeddedness", *American Journal of Sociology*, Vol. 91, 1985, pp. 481–510.

Gross, Neal, & William E. Martin, "On Group Cohesiveness", *The American Journal of Sociology*, Vol. 57, No. 6, 1952, pp. 546–564.

Hagstrom, Warren O., & Hanan C. Selvin, "Two Dimensions of Cohesiveness in Small Groups", *Sociometry*, Vol. 28, No. 1, 1965, pp. 30–43.

Hall, Douglas T., Benjamin Schneider, "Correlates of Organizational Identification as a Function of Career Pattern and Organizational Type", *Administrative Science Quarterly*, Vol. 17, No. 3, 1972, pp. 340–350.

Hall, Douglas T., Benjamin Schneider, Harold T. Nygren, "Personal Factors in Organizational Identification", *Administrative Science Quarterly*, Vol. 15, No. 2, 1970, pp. 176–190.

Harper, Paul, "The Party and the Unions in Communist China", *The China Quarterly*, No. 37, 1969, pp. 84–119.

Hechter, Michael, *Principles of Group Solidarity*, Berkeley: University of California Press, 1987.

Hirschman, A. O., *The Passions and the Interests*, New Jersey: Princeton University Press, 1977.

Joskow, Paul L. , "Asset Specificity and the Structure of Vertical Relationships: Empirical Evidence", in Williamson, O. E. & Sindey G. Winter (eds.), *The Nature of the Firm: Origins, Evolution, and Development.* New York: Oxford University Press, 1993, pp. 117-137.

Klein, Benjamin, "Vertical Integration as Organizational Ownership: The Fisher Body—General Motors Relationship Revisited", in Williamson, O. E. & Sindey G. Winter (eds.), *The Nature of the Firm: Origins, Evolution, and Development.* New York: Oxford University Press, 1993, pp. 213-226.

Lee, Kibeom, Natalie J. Allen, & John P. Meyer, Kyung-Yong Rhee, "The Three-Component Model of Organizational Commitment: An Application to South Korea", *Applied Psychology: An International Review*, Vol. 50, No. 4, 2001, pp. 596-614.

Lee, Sang M. , "An Empirical Analysis of Organizational Identification", *The Academy of Management Journal*, Vol. 14, No. 2, 1971, pp. 213-226.

Lindenberg, Siegwart, "The Microfoundation of Solidarity", in Doreian, Patrick, & Thomas Fararo (eds.), *The Problem of Solidarity: Theories and Models*, Amsterdam: Gordon and Breach Publisher, 1998, pp. 61-112.

Lynd, Robert S. , "Planned Social Solidarity in the Soviet Union", *The American Journal of Sociology*, Vol. 51, No. 3, 1945, pp. 183-197.

Macaulay, Stewart, "Non-Contractual Relations in Business: A Preliminary Study", *American Sociological Review*, Vol. 28, No. 1, 1963, pp. 55-67.

Masten, Scott E. , "A Legal Basis for the Firm", in Williamson, O.

E. & Sindey G. Winter (eds.), *The Nature of the Firm: Origins, Evolution, and Development*. New York: Oxford University Press, 1993, pp. 196-212.

Meyer, J. W. and Brian Rowan, "Institutionalized Organizations: Formal Structure as Myth and Ceremony", *The American Journal of Sociology*, Vol. 83, No. 2, 1977, pp. 340-363.

Morris, Richard, "Trade Unions in Contemporary China", *The Australian Journal of Chinese Affairs*, No. 13, 1985, pp. 51-67.

Parsons, Talcott, "The Central Problem of Modern Societies: Integration", in Parsons, Talcott, *The Evolution of Societies*, New Jersey: Prentice-Hall, 1977, pp. 182-214.

Parsons, Talcott, "Durkheim's Contribution to the Theory of Integration of Social Systems", in Kurt H. Wolff (ed.), *Emile Durkheim, 1858-1917*: New York: Arno Press, 1979, pp. 118-153.

Rotondi, Thomas, Jr., "Organizational Identification and Group Involvement", *The Academy of Management Journal*, Vol. 18, No. 4, 1975, pp. 892-897.

Sakurai, Melvin M., "Small Group Cohesiveness and Detrimental Conformity", *Sociometry*, Vol. 38, No. 3, 1975, pp. 340-357.

Salk, Jane E., Oded Shenkar, "Social Identities in an International Joint Venture: An Exploratory Case Study", *Organization Science*, Vol. 12, No. 2, 2001, pp. 161-178.

Scholl, Richard W., "Differentiating Organizational Commitment from Expectancy as a Motivating Force", *The Academy of Management Review*, Vol. 6, No. 4, 1981, pp. 589-599.

Scott, W. Richard, *Organizations: Rational, Natural, and Open*

Systems, New Jersey: Prentice Hall International, Inc. 1998.

Shibutani, Tamotsu, "The Sentimental Basis of Group Solidarity", *Sociological Inquiry*, Vol. 34, No. 2, 1964, pp. 144–155.

Shils, Edward, "Primordial, Personal, Sacred and Civil Ties: Some Particular Observations on the Relationships of Sociological Research and Theory", *The British Journal of Sociology*, Vol. 8, No. 2, 1957, pp. 130–145.

Tilly, Charles, "Review: Principles of Group Solidarity", *The American Journal of Sociology*, Vol. 94, No. 4, 1989, pp. 874–876.

Wiener, Yoash, "Commitment in Organizations: A Normative View", *The Academy of Management Review*, Vol. 7, 1982, pp. 418–428.

Wiesenfeld, Batia M., Sumita Raghuram, Raghu Garud, "Communication Patterns as Determinants of Organizational Identification in a Virtual Organization", *Organization Science*, Vol. 10, No. 6, 1999, pp. 777–790.

Williamson, O. E., "The Logic of Economic Organization", in Williamson, O. E. & Sindey G. Winter (eds.), *The Nature of the Firm: Origins, Evolution, and Development*. New York: Oxford University Press, 1993, pp. 90–116.

〔美〕L. 科塞:《社会冲突的功能》,孙立平等译,华夏出版社,1989。

〔美〕阿尔奇安、德姆塞茨:《生产、信息成本和经济组织》,见盛洪主编《现代制度经济学》(上),北京大学出版社,2003。

〔奥〕安戈、陈佩华:《一个中国单位社区的内部政治:国有企业职工影响企业决策的个案研究》,见冯同庆主编《中国经验:转型社会的企业治理与职工民主参与》,社会科学文献出版社,2005。

〔美〕奥尔森:《集体行动的逻辑》,陈郁等译,上海人民出版社,

1995。

宝贡敏、徐碧祥：《组织认同理论研究述评》，《外国经济与管理》2006年第1期。

卞国福：《关于工会参与现代企业制度试点工作的调查报告》，《中国工运》1995年第12期。

〔美〕布劳：《科层组织中的合作和竞争》，见米尔斯、帕森斯等《社会学与社会组织》，何维凌、黄晓京译，浙江人民出版社，1986。

曹艳春：《工会在协调劳资关系中的新观点》，《天津市工会管理干部学院学报》2003年第1期。

常凯：《现代企业制度与集体谈判和集体合同》，《改革》1994年第5期。

常凯：《工会何为？》，《南风窗》2005年第12期。

陈光耀：《困难企业工会如何做好职工的稳定工作》，《现代企业》2006年第10期。

陈君聪、曹宏遂：《刘少奇工运思想研究》，工人出版社，1988。

陈美霞：《中国工业经济转型时期的工人参与和他们的健康安全保障》，见冯同庆主编《中国经验：转型社会的企业治理与职工民主参与》，社会科学文献出版社，2005。

陈沙：《新建企业工会的组建与集体合同制度》，《工会理论与实践》2002年第2期。

陈世平、李斐斐：《企业员工职业承诺的结构模型研究》，《心理科学》2006年第5期。

陈先红：《企业理念认同的情感问题》，《经济论坛》1999年第18期。

陈银娥：《激励契约理论述评》，《经济学动态》2003年第9期。

陈咏梅：《借员工满意度调查解企业管理症结》，《中国劳动》

2006年第7期。

程承坪、伍新木：《竞争论、产权论与管理论的理论缺陷及其变革限度——兼论国有企业改革》，《改革》2004年第3期。

程延园：《集体谈判制度在我国面临的问题及其解决》，《中国人民大学学报》2004a年第2期。

程延园：《集体谈判：现代西方国家调整劳动关系的制度安排》，《教学与研究》2004b年第4期。

楚金桥、李建华：《企业员工参与公司治理的理论与实践》，《统计与决策》2004年第6期。

戴春：《对非公有制企业民主管理几个问题的思考——西方企业员工参与管理启示与借鉴》，《天津市工会管理干部学院学报》2004年第1期。

戴建中：《资本原始积累的社会转型中的中国工人阶级》，http://xiangbalao36.bokee.com/385318.html。

邓劲松：《知识型企业的组织认同与员工忠诚》，《计划与市场》2002年第2期。

邓雪：《论企业员工满意度的提升》，《商业研究》2003年第3期。

东风：《工会要积极参与企业产权制度改革》，《中国工运》1997年第6期。

方竹兰：《人力资本所有者拥有企业所有权是一个趋势》，《经济研究》1997年第6期。

〔美〕菲莫：《代理问题与企业理论》，见盛洪主编《现代制度经济学》（上），北京大学出版社，2003。

〔法〕费埃德伯格：《权力与规则——组织行动的动力》，张月等译，上海人民出版社，2005。

冯钢：《SA8000标准与中国企业工会的"困境"》，《浙江社会科学》2005 年第 1 期。

冯钢：《企业工会的"制度性弱势"及其形成背景》，《社会》2006 年第 3 期。

冯同庆：《中国工人的命运——改革以来工人的社会行动》，社会科学文献出版社，2002a。

冯同庆：《全球化下工会前景》，《当代矿工》2002b 年第 8 期。

冯同庆：《中国的劳工调查与研究》，《工会理论与实践》2004 年第 5 期。

冯同庆：《国家、企业、职工、工会之间关系的良性调整》，见冯同庆主编《中国经验：转型社会的企业治理与职工民主参与》，社会科学文献出版社，2005a。

冯同庆：《国家、企业、职工、工会之间关系的社会转向》，见冯同庆主编《中国经验：转型社会的企业治理与职工民主参与》，社会科学文献出版社，2005b。

冯同庆、许晓军：《中国职工状况——内部结构及相互关系》，中国社会科学出版社，1993。

高爱娣：《李立三关于处理劳动纠纷的思想》，《中国工运》1999 年第 12 期。

高爱娣：《李立三关于新民主主义时期劳动关系的理论概述》，《工会博览》2004 年第 24 期。

广东省总工会第四课题组：《广东省进城务工人员劳动经济权益维护和工会组建相关问题的研究》，见李滨生主编《全国工会理论政策研究文集（2004 年卷）》，中国言实出版社，2005。

郭军：《集体合同——灵活有效协调劳动关系的法律制度》，《中国劳动》2004 年第 12 期。

郭祥智、方盛友：《工会参与安全文化建设的探讨与实践》，《煤炭企业管理》2006 第 5 期。

郭毅、徐莹、陈欣：《新制度主义：理论评述及其对组织研究的贡献》，《社会》2007 年第 1 期。

国家统计局人口和就业统计司、劳动和社会保障部规划财务司编《中国劳动统计年鉴·2005》，中国统计出版社，2005。

韩雪松：《西方组织认同理论对我国企业管理的启示》，《经济体制改革》2006 年第 5 期。

郝红：《工会参与企业文化建设》，《经营管理者》2006 年第 1 期。

何秉孟：《国有企业改革必须坚持以马克思主义产权理论为指导》，《马克思主义研究》2004 年第 5 期。

何广亮、丛玲：《试论工会组织"建设职工之家"活动的可持续发展》，《工会理论与实践》2003 年第 5 期。

胡寒军、郭娅娟：《企业员工参与公司治理：国外的实践与我们的对策》，《中州大学学报》2005 年第 3 期。

胡其柱：《工会转向：建国初期的工会之争》，《聊城大学学报》（社会科学版）2004 年第 4 期。

华尔德：《共产党社会的新传统主义》，龚小夏译，牛津大学出版社，1996。

黄光国：《人情与面子：中国人的权力游戏》，见黄光国编《中国人的权力游戏》，巨流图书公司，1988。

黄兴年：《利益冲突与企业治理机制的整合》，《改革》2005 年第 6 期。

季年芳：《基于员工满意度分析的企业人力资本流失风险规避》，《集团经济研究》2006 年总第 213 期。

贾良定、陈永霞、宋继文等：《变革型领导、员工的组织信任与组织承诺》，《东南大学学报》（哲学社会科学版）2006 年第 6 期。

江苏省总工会课题组:《关于加强基层工会组织建设增强工会活力的研究报告》,见李滨生主编《全国工会理论政策研究文集(2004年卷)》,中国言实出版社,2005。

金英杰:《工会参与企业民主管理的辨析》,《北京市工会干部学院学报》2006年第3期。

金莹、李志、唐孝云:《民营企业员工参与的影响因素与管理研究》,《企业活力》2004年第7期。

〔美〕科尔曼:《社会理论的基础(上)》,邓方译,社会科学文献出版社,1999。

〔美〕柯林斯:《冲突社会学中的迪尔凯姆传统》,见亚历山大编《迪尔凯姆社会学》,戴聪腾译,辽宁教育出版社,2001。

〔美〕柯林斯:《哲学的社会学》,吴琼等译,新华出版社,2004。

〔美〕科斯:《企业的性质》,见盛洪主编《现代制度经济学(上)》,北京大学出版社,2003。

〔美〕克莱因、克劳福特、阿尔奇安:《纵向一体化、可挤占租金和竞争性缔约过程》,见盛洪主编《现代制度经济学(上)》,北京大学出版社,2003。

李春琦、石磊:《国外企业激励理论述评》,《经济学动态》2001年第6期。

李富润:《对工会改革中的理论与实践问题的探索和反思》,《工会理论与实践》2001年第5期。

李根海、王韶:《工会组织在企业安全生产中发挥作用的几点思考》,《工会理论与实践》2004年第5期。

李汉林:《中国单位社会:议论、思考与研究》,上海人民出版社,2004。

李汉林、渠敬东:《制度规范行为》,《社会学研究》2003年第5

期。

李汉林、渠敬东：《中国单位组织变迁过程中的失范效应》，上海人民出版社，2005。

李汉林、李路路：《资源与交换》，《社会学研究》1999年第4期。

李汉林、李路路：《单位成员的满意度和相对剥夺感》，《社会学研究》2000年第2期。

李汉林、渠敬东、宋时歌等：《中国制度变迁过程中的员工参与》，中国社会科学院社会学所"中国制度变迁过程中的员工参与"课题组研究报告（尚未公开出版），2006。

李汉林、渠敬东、夏传玲、陈华珊：《组织和制度变迁的社会过程》，《中国社会科学》2005年第1期。

李汉林、渠敬东、夏传玲、陈华珊：《组织变迁的社会过程——以社会团结为视角》，东方出版中心，2006。

李惠斌：《劳动产权理论的现实意义》，《马克思主义与现实》2004年第5期。

李永威：《论员工参与企业文化建设》，《工会论坛》2003年第4期。

李玉刚、胡君莲：《员工参与企业战略决策的实证研究》，《学术论坛》2006年第12期。

李兆熙：《工会、职代会的作用和职工参与决策》，《工厂管理》1999年第9期。

梁守兰：《世纪之交看中国产业工会的地位和作用》，《山东省工会管理干部学院学报》1999年第5期。

梁守兰：《关于产业工会的展望和思考》，《中国工运》2000年第2期。

梁雄军：《人力资本参与企业治理的实证研究》，《经济社会体制比较》2004 年第 1 期。

林彬：《科尔曼的"理性行动理论"》，见杨善华主编《当代西方社会学理论》，北京大学出版社，1999。

林毅夫：《诱致性制度变迁与强制性制度变迁》，见盛洪主编《现代制度经济学（下)》，北京大学出版社，2003。

林毅夫、蔡昉、李周：《现代企业制度的内涵与国有企业改革方向》，《经济研究》1997 年第 3 期。

蔺安林、王成璋：《企业理论的演变及对国有企业改革的启示》，《数量经济技术经济研究》2002 年第 7 期。

凌文辁、张治灿、方俐洛：《中国职工组织承诺研究》，《中国社会科学》2001 年第 2 期。

刘晴、简洁：《私营企业年轻员工参与意识调查》，《中国劳动关系学院学报》2005 年第 2 期。

刘晴、赵健杰、何布峰、吕吉凤：《中小私营企业发展与员工参与》，《工会理论与实践》2004 年第 4 期。

刘世定：《乡镇企业发展中对非正式社会关系资源的利用》，《改革》1995 年第 6 期。

刘世定：《占有制度的三个维度及占有认定机制》。见潘乃谷、马戎主编《社区研究与社会发展》（下），天津人民出版社，1996。

刘世定：《嵌入性与关系合同》，《社会学研究》1999 年第 4 期。

刘卫东：《新形势下企业工会职能的转变》，《改革与战略》2005 年第 4 期。

刘小平、王重鸣：《不同文化下企业员工组织承诺概念的调查研究》，《科技管理研究》2004 年第 3 期。

刘元文：《相容与相悖——当代中国的职工民主参与研究》，中国劳动社会保障出版社，2004。

刘元文：《工会组织变革与形象再造》，《中国劳动关系学院学报》2005年第3期。

刘元文、高红霞：《产权改革后国有企业工会工作基本状况》，《工会理论与实践》2003年第6期。

陆一：《员工参与：中共公司治理中被忽视的一极》，《商务周刊》2005年第5期。

吕克勤、赵明山：《对工会参与处理劳动争议的认识》，《工会理论与实践》1996年第6期。

吕天奇：《现代企业中的员工参与管理机制》，《理论学习与探索》2003年第6期。

〔美〕马修：《凝聚性"公众"的分立成形》，见邓正来、亚历山大编《国家与市民社会：一种社会理论的研究路径》，中央编译出版社，1998。

〔美〕摩尔：《组织个性》，见米尔斯、帕森斯等著《社会学与社会组织》，何维凌、黄晓京译，浙江人民出版社，1986。

倪志福：《当代中国工人阶级和工会运动》（上、下），当代中国出版社，1997。

牛德生：《企业治理结构背后的理论逻辑——关于企业理论的研究与评论》，《当代经济研究》1999年第9期。

〔美〕诺斯：《经济史上的结构和变迁》，厉以平译，商务印书馆，1992。

〔美〕帕森斯：《现代社会的结构与过程》，梁向阳译，光明日报出版社，1988。

〔美〕帕森斯：《社会行动的结构》，张明德等译，译林出版社，2003。

祁华清：《试论内部职工参与企业治理结构的意义》，《商业时代》

2005 年第 14 期。

渠敬东：《缺席与断裂：有关失范的社会学研究》，上海人民出版社，1999。

渠敬东：《现代社会中的人性与教育：以涂尔干社会理论为视角》，上海三联书店，2006。

佘云霞：《刍议西方国家集体谈判理论研究》，《工会理论与实践》1998 年第 3 期。

佘云霞：《对集体谈判的理论分析》，《工会理论与实践》2004 年第 1 期。

深圳中冠纺织印染股份有限公司工会：《"三资"企业工会在劳动安全卫生工作中应发挥积极作用》，《工会理论与实践》1995 年第 5 期。

沈琴琴：《"入世"后工会维护职工就业权益的战略对策》，《工会理论与实践》2001 年第 2 期。

沈伟：《工会在国企改制中全过程参与依法维权》，《中国工运》2004 年第 8 期。

史美兰：《企业工会和企业党组织的功能融合——探索一种适应市场经济发展的新的改革模式》，《北京工商大学学报》（社会科学版）2006 年第 5 期。

〔英〕斯温杰伍德：《社会学思想简史》，陈玮、冯克利译，社会科学文献出版社，1988。

宋红梅：《职工参与企业治理的理论基础与现实选择》，《经济问题》2006 年第 4 期。

宋伟：《集体谈判——劳动关系调整模式及工会职能》，《中共郑州市委党校学报》2004 年第 2 期。

苏晓红、侯朝轩：《中外员工参与企业管理的比较分析》，《河南师范大学学报》（哲学社会科学版）2004 第 5 期。

苏晓华：《企业治理观的变迁及其原因——基于人力资本特异性的分析》，《经济问题探索》2006 年第 1 期。

孙立平：《实践社会学与市场转型过程分析》，《中国社会科学》2002 年第 5 期。

孙立平：《转型与断裂：改革以来中国社会结构的变迁》，清华大学出版社，2004。

〔美〕特纳：《社会学理论的结构（上）》，邱泽奇等译，华夏出版社，2001a。

〔美〕特纳：《社会学理论的结构（下）》，邱泽奇等译，华夏出版社，2001b。

童爱农：《论工会组织在企业人力资本运作中的作用》，《工会理论与实践》2003 年第 1 期。

佟新：《企业工会：能动的行动者》，《新华文摘》2005a 年第 22 期。

佟新：《全球化下的劳资关系和产业民主——对跨国公司之订单企业的个案分析》，见冯同庆主编《中国经验：转型社会的企业治理与职工民主参与》，社会科学文献出版社，2005b。

佟新：《工会实践中的"效率合约"——以 BJC 工会集体合同为案例的分析》，http：//qkfz.pku.edu.cn/printpage.asp？id=8。

〔法〕涂尔干：《自杀论》，冯韵文译，商务印书馆，1996。

〔法〕涂尔干：《宗教生活的基本形式》，渠东等译，上海人民出版社，1999。

〔法〕涂尔干：《社会分工论》，渠东译，生活·读书·新知三联书店，2000。

〔法〕涂尔干：《职业伦理与公民道德》，渠东等译，上海人民出版社，2001。

〔法〕涂尔干：《乱伦禁忌及其起源》，汲喆译，上海人民出版社，2003。

王斌：《企业的发展离不开工会的参与——齐鲁石化胜利炼油厂工会工作经验谈》，《工会理论与事件》1997年第1期。

王尔玺：《浅析新中国成立前后李立三、赖若愚工会理论的同和异》，《首都师范大学学报》（社会科学版）1994年第6期。

王根宝：《双赢：私营企业工会工作的价值取向——关于私营企业工会维权工作的思考》，《工会理论与实践》2003年第5期。

王建平：《工会参与工资集体协商工作是维护职工权益的重要内容》，《中国工运》2006年第12期。

王金源：《认同——现代社会组织形成的基础》，《江南大学学报》2004年第2期。

王珏：《劳动力产权及其实现》，《江苏行政学院学报》2004年第6期。

王开国、宗兆昌：《论人力资本性质与特征的理论渊源及其发展》，《中国社会科学》1999年第6期。

王敏：《浅谈工会参与劳动争议协商》，《中国工运》1997年第12期。

王如华、孟庆文：《关于工会参与企业改革工作的几点思考》，《工会理论与实践》1999年第4期。

王向前：《吸纳职代会制度，完善公司治理结构》，见李滨生主编《全国工会理论政策研究文集（2004年卷）》，中国言实出版社，2005。

王娅丽、方文德：《工会要积极参与建立现代企业制度的试点工作》，《工会理论与实践》1995年第5期。

王彦斌：《转型期国有企业员工的组织认同》，《天府新论》2005

年第 2 期。

王兆国：《在全总十四届三次主席团（扩大）会议上的讲话》，http://news.sina.com.cn/c/2004-01-05/08591507526s.shtml，2003。

王兆国：《在全国工会维权机制建设经验交流会议上的讲话》，《中国工运》2005a 年第 10 期。

王兆国：《在全总十四届六次主席团（扩大）会议上的讲话》，http://www.jagh.org.cn/zlzx/ShowArticle.asp? ArticleID = 34，2005b。

王兆国：《在全总十四届十次主席团〔扩大〕会议讲话》，http://www.acftu.org/template/10004/file.jsp? cid = 318&aid = 46631，2006。

〔美〕威廉姆森：《资本主义经济制度：论企业签约与市场签约》，段毅才、王伟译，商务印书馆，2004。

温可人：《工会应当积极参与制定用人单位的规章制度》，《中国工运》2005 年第 3 期。

吴强：《工会如何参与协调劳动关系》，《工友》2006 年第 9 期。

吴易风：《马克思的产权理论与国有企业产权改革》，《中国社会科学》1995 年第 1 期。

吴易风：《不能让新制度经济学产权理论误导我国国有企业产权改革》，《宏观经济研究》2004 年第 11 期。

〔美〕希尔斯：《人际关系论》，见米尔斯、帕森斯等著《社会学与社会组织》，何维凌、黄晓京译，浙江人民出版社，1986。

夏明：《李立三、刘少奇的工会思想理论》，《工会博览》2004 年第 2 期。

谢敏：《对公司治理结构中工会要素参与机理的探索——和谐社会对企业制度创新的诉求》，《集团经济研究》2006 年第 15 期。

谢文年、许晓虹：《论工会维权与促进企业发展的关系》，《中国劳动关系学院学报》2006 年第 1 期。

徐小洪：《论劳资关系性质的重新定位——温州私营企业职工对劳资关系认同性调查分析》，见李滨生主编《全国工会理论政策研究文集（2004 年卷）》，中国言实出版社，2005。

许晓军：《工会推动国民经济可持续发展的新视角》，《中国劳动关系学院学报》2006 年第 4 期。

许晓军、李珂：《职工眼中的企业工会——企业工会现状调查》，《中国劳动关系学院学报》2006 年第 2 期。

严逸敏：《试论企业走向市场 工会加大参与力度的途径和措施》，《理论学习与探索》1997 年第 3 期。

杨春学：《经济人的"再生"：对一种新综合的探讨与辩护》，《经济研究》2005 年第 11 期。

杨冬梅：《关于集体合同履行若干问题的研究》，《中国劳动关系学院学报》2006 年第 1 期。

杨瑞龙、陈放鸣：《现代非主流企业理论评述》，《天津社会科学》1999 年第 6 期。

杨瑞龙、聂辉华：《不完全契约理论：一个综述》，《经济研究》2006 年第 2 期。

叶迎春、夏厚勋：《企业工会在构建和谐劳动关系中的地位和作用》，《中国劳动关系学院学报》2005 年第 6 期。

于建嵘：《中国工人抗争的出路何在》，http://post.baidu.com/f?kz=162267937。

余晓敏：《经济全球化背景下的劳工运动：现象、问题与理论》，《社会学研究》2006 年第 3 期。

袁志超：《工会组织参与企业文化建设的探索与思考》，《工会理论与实践》2003 年第 5 期。

翟继霞、冯莉：《加强工会民主参与　切实维护职工利益》，《工会理论与实践》2004 年第 4 期。

〔美〕詹森、马克林：《企业理论：管理者行为、代理费用与产权结构》，见盛洪主编《现代制度经济学（上）》，北京大学出版社，2003。

张国祥：《建立现代企业必须推行集体合同制度》，《中国劳动》1994 年第 8 期。

张吉会：《对工会维权两个根本机制的再认识》，《工会论坛》2002 年第 5 期。

张静：《"法团主义"模式下的工会角色》，《工会理论与实践》2001a 年第 1 期。

张静：《利益组织化单位：企业职代会案例研究》，中国社会科学出版社，2001b。

张静：《法团主义》，中国社会科学出版社，2005。

张立江：《新形势下企业工会组织民主参与的有效途径》，《山东省工会管理干部学院学报》2005 年第 3 期。

张良金：《市场经济条件下企业工会工作的难点及其对策》，《工会理论与实践》2003 年第 2 期。

张玲、吴维库：《企业管理的新追求：价值认同感》，《中国工商》2000 年第 11 期。

张勉、李树苗：《企业员工工作满意度决定因素实证研究》，《统计研究》2001 年第 8 期。

张勉、张德、王颖：《企业雇员组织承诺三因素模型实证研究》，《南开管理评论》2002 年第 5 期。

张维迎：《西方企业理论的演进与最新发展》，《经济研究》1994 年第 11 期。

张维迎:《从现代企业理论看国有企业改革》,《改革》1995 年第 1 期。

张维迎:《所有制、治理结构及委托—代理关系》,《经济研究》1996 年第 9 期。

张暎硕:《当代中国劳动制度变化与工会功能的转变》,河北大学出版社,2004。

张跃平、刘荆敏:《委托—代理激励理论实证研究综述》,《经济学动态》2003 年第 6 期。

赵东辉:《工会参与企业文化建设的若干思考》,《中国职工教育》2004 年第 11 期。

赵旺兴:《参与企业文化建设 发挥工会组织作用》,《工会博览》2002 年第 22 期。

赵勇校:《工会要在促进企业安全生产中发挥重要作用》,《中国劳动关系学院学报》2005 年第 3 期。

折晓叶:《村庄边界的多元化》,《中国社会科学》1996a 年第 3 期。

折晓叶:《农民再合作的制度体系和社区基础》,《中国社会科学季刊》(香港)1996b 年夏季卷,总第 15 期。

折晓叶、陈婴婴:《超级村庄的基本特征及"中间"形态》,《社会学研究》1997 年第 6 期。

折晓叶、陈婴婴:《产权制度选择中的"结构—主体"关系》,《社会学研究》2000 年第 5 期。

折晓叶、陈婴婴:《资本怎样运作》,《中国社会科学》2004a 年第 4 期。

折晓叶、陈婴婴:《村庄经验与产权理论难题》,中国社会科学院社会学研究所"社会学研究与调查"内部文稿,2004b 年。

折晓叶、陈婴婴：《产权怎样界定》，《社会学研究》2005年第4期。

郑海航、熊小彤：《基于不同理论框架下的公司治理——兼论我国国有企业治理》，《中国工业经济》2005年第6期。

郑红亮：《公司治理理论与中国国有企业改革》，《经济研究》1998年第10期。

中国工运学院编《李立三赖若愚论工会》，档案出版社，1987。

中华全国总工会：《中国职工队伍状况调查1986》，工人出版社，1987。

中华全国总工会：《建国以来中共中央关于工人运动文件选编（上、下）》，工人出版社，1989。

中华全国总工会：《走向社会主义市场经济的中国工人阶级——1992年全国工人阶级队伍状况调查文献资料集》，中国工人出版社，1993。

中华全国总工会：《2002年中国工会维护职工合法权益蓝皮书》，《人权》2003年第2期。

中华全国总工会：《2004年中国工会维护职工合法权益蓝皮书（摘要）》，《人权》2005a年第6期。

中华全国总工会：《中华全国总工会关于加强协调劳动关系、切实维护职工合法权益、推动构建社会主义和谐社会的决定》，http：//www.acftu.org/template/10004/file.jsp？cid=561&aid=37934，2005b。

中华全国总工会：《关于坚持走中国特色社会主义工会发展道路的决议》，http：//www.law-lib.com/law/law_view.asp？id=171513，2005c。

中华全国总工会：《中华全国总工会关于切实发挥工会群众监督作用促进安全生产的通知》，http：//www.acftu.org/template/10004/

file. jsp？cid＝561&aid＝37937，2005d。

中华全国总工会：《中华全国总工会关于进一步加强基层工会工作的决定》，http：//www.hyedu.com/gh/ShowArticle.asp？ArticleID＝1350，2005e。

中华全国总工会：《中华全国总工会关于进一步推行职工董事、职工监事制度的意见》，http：//www.acftu.org/template/10004/file.jsp？cid＝561&aid＝38000，2006a。

中华全国总工会：《中华全国总工会关于开展创建劳动关系和谐企业活动的意见》，http：//www.acftu.org/template/10004/file.jsp？cid＝561&aid＝37986，2006b。

中华全国总工会：《2005年中国工会维护职工合法权益蓝皮书》，http：//acftu.people.com.cn/GB/67582/4565515.htm，2006c年。

中华全国总工会办公厅：《关于做好2006年全国厂务公开民主管理工作的意见》，http：//www.acftu.org/template/10004/file.jsp？cid＝561&aid＝38002，2006d年。

中华全国总工会办公厅：《中国职工队伍思想状况调查1991》，经济管理出版社，1992。

中华全国总工会宣传部研究室：《当代中国产业工人队伍状况调查报告汇编》，北京大学出版社，1992。

中华全国总工会研究室：《中国工会统计年鉴·2001》，中国统计出版社，2002。

中华全国总工会研究室：《2005年中国工会组织和工会工作发展状况统计公报》，《中国工运》2006年第6期。

中华全国总工会政策研究室编《中国企业领导制度历史文献》，经济管理出版社，1986a。

中华全国总工会政策研究室编《企业民主管理的理论、历史和实践》，经济管理出版社，1986b。

中华全国总工会政策研究室编《中国工会统计年鉴·2000》，中国统计出版社，2001。

周建漳：《"道德人"：计划经济行为主体的制度假设分析》，《中国社会科学季刊》（香港）1996年夏季卷，总第15期。

周其仁：《市场里的企业：一个人力资本与非人力资本的特别合约》，见盛洪主编《现代制度经济学》（下），北京大学出版社，2003。

周万玲：《参与调解劳动争议是工会的责任》，《中国工运》1997年第10期。

周新城：《国有企业改革若干理论问题辨析（上下）》，《高校理论展现》2000年第3、4期。

周雪光：《西方社会学关于中国组织与制度变迁研究状况述评》，《社会学研究》1999年第4期。

周雪光：《组织社会学十讲》，社会科学文献出版社，2003。

周玉清：《大力推进非公有制企业职工民主管理努力开创工会民主管理工作新局面》，见李滨生主编《全国工会理论政策研究文集（2004年卷）》，中国言实出版社，2005。

朱国清、万威武：《人力资本产权理论及其在国有企业改革中的应用研究》，《系统工程》2005年第2期。

朱庆华、王冬岩：《我国物流企业员工工作满意度及对员工参与的影响研究》，《现代管理科学》2005年第8期。

朱晓阳、陈佩华：《职工代表大会：治理时代职工利益集中表达的制度化渠道？》，见冯同庆主编《中国经验：转型社会的企业治理与职工民主参与》，社会科学文献出版社，2005。

致　谢

我的博士学位论文能够完成，首先要感谢我的博士生导师李汉林研究员，在论文选题和写作过程中，李老师给我很多指导、批评和建议，让我能够不断地发现自己的问题。此外，在我工作之后，李老师也都一直给予我关怀和帮助，激励着我不断地努力提高自己。同时，我也要感谢折晓叶研究员和渠敬东教授，他们都曾悉心地指导我如何去读书、去发现问题和分析问题，在我博士学位论文写作过程中，他们的批评和建议给了我很大的启发。

在学习期间，我非常幸运地参与了由我的导师李汉林及折晓叶、渠敬东、夏传玲、宋时歌和陈华珊等老师主持的一项有关企业员工参与的课题。正是在我跟随课题组到各企业中参与实地调研，参与资料和文献整理以及数次讨论的过程中，我才确立了自己博士学位论文的选题。课题组还曾在多个场合针对我的思路提出过不少批评和建议，因此，不只是我所使用的材料，而且包括我论文中的好些思路和观点，都是在课题组的讨论中得到启发的，所以，我内心里始终怀着对课题组各位老师的敬意和感谢。当然，我还要感谢当时一块儿参与课题组工作的同学姜阿平和付方赞，他们在资料和文献整理上，在研究思路上，也曾给我提供了便利和帮助。

在论文开题时，李培林研究员、苏国勋研究员、李银河研究员、黄平研究员、陆学艺研究员、景天魁研究员、傅崇兰研究员等诸位老师曾提出不少批评和建议；在论文答辩时，苏国勋研究员、王颖研究员、邱泽奇教授、杨冬梅教授、渠敬东教授等也给了不少修改建议；此外，三位匿名评审老师也提出了一些建议。所有这些，都让我受益匪浅，也让我满怀感激之情。同时，也要感谢中国社会科学院社会学所的陆会平老师，她时刻关心着我们的学习生活。

另外，我也要感谢风笑天教授、陈涛教授、游正林教授等，他们曾对我的论文写作提出过一些建议。

当年一起读书的代堂平、王建光、刘蕚、赵立伟、张辉、黄建新、王红艳、何健、刘丽威、李春华等诸位同学，他们都曾对我非常关照，让我难以忘怀。

我的博士学位论文能够出版，直接归因于中国劳动关系学院学术委员会的认可以及学院的资助，所以对学院领导及各委员表示衷心的感谢。另外，还特别要感谢彭恒军教授、赵健杰教授、杨冬梅教授、刘元文教授、乔健副教授、张默副教授等同事的关心和支持。同时，也要感谢社会科学文献出版社的责任编辑高明秀的辛苦工作。

最后，我要感谢我的父母，他们给了我最大的关爱和支持！

吴建平

2015 年 5 月 10 日

图书在版编目(CIP)数据

企业工会与企业组织团结：以员工参与为视角/吴建平著.
—北京：社会科学文献出版社，2015.10
（中国劳动关系学院青年学者文库）
ISBN 978-7-5097-7993-4

Ⅰ.①企…　Ⅱ.①吴…　Ⅲ.①企业-工会工作-研究-中国②企业管理-组织管理学-研究　Ⅳ.①D412.6②F272.9

中国版本图书馆CIP数据核字（2015）第203004号

·中国劳动关系学院青年学者文库·

企业工会与企业组织团结
——以员工参与为视角

著　　者／吴建平

出 版 人／谢寿光
项目统筹／高明秀　许玉燕
责任编辑／高明秀　沈晓雷

出　　版／社会科学文献出版社·全球与地区问题出版中心（010）59367004
　　　　　地址：北京市北三环中路甲29号院华龙大厦　邮编：100029
　　　　　网址：www.ssap.com.cn
发　　行／市场营销中心（010）59367081　59367090
　　　　　读者服务中心（010）59367028
印　　装／北京季蜂印刷有限公司
规　　格／开　本：787mm×1092mm　1/16
　　　　　印　张：15.25　字　数：197千字
版　　次／2015年10月第1版　2015年10月第1次印刷
书　　号／ISBN 978-7-5097-7993-4
定　　价／59.00元

本书如有破损、缺页、装订错误，请与本社读者服务中心联系更换

版权所有 翻印必究